복 있는 사람

오직 여호와의 율법을 즐거워하여 그 율법을 주야로 묵상하는 자로다.
저는 시냇가에 심은 나무가 시절을 좇아 과실을 맺으며 그 잎사귀가 마르지 아니함 같으니
그 행사가 다 형통하리로다. (시편 1:2-3)

안식일은 저항이다

Sabbath as Resistance

Walter Brueggemann

안식일은 저항이다

월터 브루그만 지음 | 박규태 옮김

복 있는 사람

안식일은 저항이다

2015년 4월 24일 초판 1쇄 발행
2024년 12월 30일 초판 11쇄 발행

지은이 월터 브루그만
옮긴이 박규태
펴낸이 박종현

(주) 복 있는 사람
주소 서울특별시 마포구 연남동 246-21(성미산로23길 26-6)
전화 02-723-7183(편집), 7734(영업·마케팅)
팩스 02-723-7184
이메일 hismessage@naver.com
등록 1998년 1월 19일 제1-2280호

ISBN 979-11-7083-217-1 03230

이 도서의 국립중앙도서관 출판시도서목록(CIP)은
서지정보유통지원시스템 홈페이지(http://seoji.nl.go.kr)와 국가자료공동목록시스템(http://www.nl.go.
kr/kolisnet)에서 이용하실 수 있습니다. (CIP 제어번호: 2015010896)

내 어머니 힐다,
그리고 어머니가 가장 사랑했던 아들 찰스를 기리며

차례

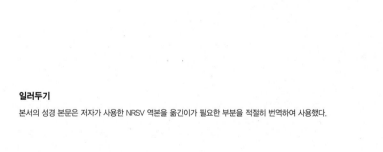

일러두기

본서의 성경 본문은 저자가 사용한 NRSV 역본을 옮긴이가 필요한 부분을 적절히 번역하여 사용했다.

서문

이 시대의 그리스도인들은 대부분 안식일에 거의 관심이 없다. 우리도 웬만큼 아는 사실이지만, 미국 문화에서는 안식일이 가장 엄격한 신앙 훈련을 시켰던 청교도 신앙을 반영한 날이었으나 근래에는 하루 동안 조용히 자제할 것을 명령하고 특정 행위를 금지하는 도덕 명령으로 바뀌어 버렸다. 그래도 경건한 많은 가정에서는 안식일을 지키기 위해 주일에는 카드놀이를 하지 않거나 영화를 보지 않았으며, 분명 쇼핑도 하지 않았다. 나는 해마다 내가 살던 농촌 동네에서 밀농사를 엉망으로 만들어 버릴 폭우가 틀림없이 몰아닥치게 생기자 주일도 몇 차례 거르고 밀을 서둘러 수확했던 농부들을 놓고 논쟁을 벌인 일을 기억한다. 더욱이 내 어린 시절에는 '청교도 법'Blue Laws(청교도의 신앙 정신을 반영하여 주일에 유흥이나 오락을 금지

9

한 법률—옮긴이) 때문에 필라델피아 필리스와 피츠버그 파이어리츠가 펜실베이니아에서 벌이는 일요일 야구 경기도 오후 6시가 넘으면 새 이닝을 시작할 수 없었던 기억이 있다. 이러한 기억들을 떠올려 보면 하나같이 무언가를 제지하는 내용이다. 그 내용은 본질상 부정적이요, "너는 무엇을 하지 말라"는 명령을 나열해 놓은 시리즈이며, 이런 시리즈는 십계명의 가장 근간을 이루는 금지 명령들을 재차 떠올려 주는 역할을 했다. 이와 같은 정황은 안식일을 신앙이나 정체성을 적극 선언하는 날로서 긍정적인 관점으로 바라볼 수 있는 가능성을 거의 제공하지 않았다. 물론 교회가 우리 문화 속에서 누리던 독점권은 이제 많은 곳에서 이지러지거나 사라져 버렸으며, 그에 따라 안식일 규율을 충실히 지키는 모습 역시 줄어들었다.

기독교 신앙 및 실천과 관련된 많은 일들이 그러하듯이, 우리는 철저한 안식일 준수를 신앙의 적극적 실천으로서 유지해 올 수 있었던 유대교에서 다시금 배움을 얻어야 한다.[1] 아브라함 헤셸Abraham Heschel이 쓴 걸작 『안식』The Sabbath은 지금도 계속해서 안식일을 바라보는 유대인의 의식 세계를 이끄는 목소리 역할을 하고 있다.[2] 현재 우리 맥락에서는 어쩌면 미국의 유대교 학자 마이클 피쉬베인Michael Fishbane이 유대교 관습을 설득력 있게 조사해 놓은 내용이 유대교의 안식일 이해와 관련하여 우리에게 가장 많은 것을 가르쳐 줄 것 같다.[3] 피쉬베인이 펼치는 논의는, 점점 더 '무심한'(생각이 없는) 사회가 되어 가는 세상에서도 '깊은 생각'을 지켜 가는 유대인을 다룬 그의 탁월한 책이 제시하는 더 큰 맥락 속에 들어 있다. 그가 설명하는 다른 관습들도 그렇지만, 안식일 역시 모든 독특한 정체성을 적대시하면서 인간의 삶 전체를 시장의 여러 요구에 맞춰 축소시켜 버리는 이 시대 문화의 참을 수 없는 행태 속에서 그 독특한 신앙 정체성을 지켜 가는 것과 관련이 있다. 결코 과소평가할 수 없는 우리 문화의 무심함과 달리, 또 그런 무심함과 반대로 말이다!

안식일과 안식일 준수는 깊은 신학적 사고를 길러 줄 수 있다.……어떻게 그런 일이 가능할까?

안식일은 규칙이라는 형태를 통해 쉼과 무위無爲를 장려함으로써 어떤 시간을 거룩히 구별한다. 이날에는 평일에 하는 활동과 평상시에 하는 업무를 미루고 멈춘다. 그 대신 몸과 마음을 쉬는 모든 방법을 계발한다. 이렇게 쉬는 방법은 특별한 문화유형에서 나왔다. 그리 말하는 이유는, 우리에게는 '일' 하면 자연스럽게 떠오르는 관념이 있고, '일'을 생각하면 생계를 이어 가고자 몸으로 애를 쓰거나 어쩔 수 없이 해야 하는 활동을 생각하지만, 이런 종류의 노동은 우리의 아담적 자아 Adamic selves와 관련이 있기 때문이다. 우리의 아담적 자아는 이 세상 속

으로 보냄을 받아 땅을 경작함으로 생계를 꾸려 가야 하지만 죽음에 이
르기까지의 삶의 여정 동안 몸의 힘을 잃어 가는 육신적 자아를 말한
다. 이와 달리 구전 토라Oral Torah가 제시하는 가르침은 우리의 모세적
자아Mosaic selves를 북돋워 준다. 구전 토라는 우리가 감내해야 할 일 관
념과 노동 개념을 다르게 제시한다.4

피쉬베인은 피조물이 날 때부터 가진 특성 중 하나인 '아담적 자아'
와 모세가 시내산에서 받은 계명의 영향으로 등장한 '모세적 자아'
를 대조한다. 안식일은 무위의 영역이다.

우리는 경제활동 중단divestment(투자 중단이나 주식 매각을 가리키는 경제
용어로, 여기에서는 더 넓게 모든 상거래 행위를 멈춘다는 의미에 중점을 두어
'경제활동 중단'으로 번역했다—옮긴이)을 통해 무위의 영역으로 들어가
며, 이런 해방은 평일의 영역이 가진 모든 요소에 영향을 미친다. 사업
활동과 금전 거래가 금지되며, 단지 상행위를 하지 않는 데 그치지 않
고 그와 같은 유형의 분주한 활동에서 떠나 생각을 차분히 가라앉히고
더 깊은 내면의 영역을 계발하라는 요구를 받는다.……이러한 여러
조건 아래서 무위감a sense of inaction이 천천히 자리를 잡는다. 그러면
이날은 단지 일을 멈추거나 창조의 완성을 축하하는 데 그치지 않고,

이 땅은 하나님이 창조하신 선물로 인간에게 거룩히 맡겨진 것이라는 가치관을 강력히 주장한다. 안식일에는 기술이 실생활에 안겨 준 혜택을 제쳐 놓고, 자연의 시간 주기를 조종하거나 간섭함이 없이, 그 시간 주기대로 살아 보려고 노력한다. 가능하다면, 우리는 무위와 쉼이라는 특질을 마음과 생각 속에도 가져오려고 시도해야 한다.……따라서 안식일은 거룩한 정지 기간이요, 몸과 영혼의 무위를 계발함으로써 신성함을 계속 이어 가는 기간이다.……

그러면 쉼의 고동소리가 우리 인간의 생각과 사지로 모두 퍼질 수 있고, 안식과 고요히 가라앉은 영혼을 바탕으로 흔들림이 없는 내면의 균형을 만들어 낼 수 있다.[5]

피쉬베인이 경제와 관련된 이미지인 '경제활동 중단'이라는 표현을 골라 쓴 것은 우리가 안식일을 경제 현실이 불러일으키는 끝없는 수요, 더 자세히 말하면 시장 이데올로기가 불러일으키는 수요의 대안으로서 고려할 수 있다는 것을 시사한다. 시장 이데올로기는—애덤 스미스Adam Smith가 이미 간파했듯이—여러 필요와 욕구 생성에 의존하는데, 이러한 필요와 욕구는 우리를 끝없이 **쉬지 못하게** 하고 충족을 느끼지 못하게 하며 만족을 모르게 하여, 욕구를 채워 줄 만한 것을 끝없이 추구하게 만든다. 이 욕구는 끝없는 약탈과 관련이 있으며, 때문에 우리는 하루 24시간 - 일주일 내내 많은 일을 하는 사회를 이루어 무언가를 얻고, 행하고, 소유하려고 한다. 그러나 시장 이데올로기가 제시하는 수요들은 생산만큼이나 소비와 관련이 있다. 이처럼 상품 소비 시스템 system of commodity 은 우리가 더 많이 원하고, 더 많이 소유하고, 더 많이 사용하고, 더 많이 먹고 마시기를 요구한다. 이런 약탈과 착취를 반복하는 극심한 경쟁은 쉼 없이 이어지며, 그 때문에 결국은 종종 제어가 불가능한 지경에까지 이르고 마는 불안을 낳을 수밖에 없다. 더군다나 사람이 무언가를 맹렬히 추구하다 보면 당연히 이웃 소유인 것마저 차지하고 싶어 이웃을 해치는 폭력까지 마다하지 않게 된다.

바로 이것이 우리가 사회 속에서 살아가는 모습이지만, 이와 같은 모습이 선례가 없다거나 새삼 새로운 상황인 것은 아니다. 유대교가 기억하듯이, 이런 모습은 도무지 만족을 모른 채 생산을 독려하는 파라오의 명령만큼이나 오래되었다. 파라오가 다스리는 체제 속에서 사람들에게 쉼이라는 것이 있었으리라고 상상하기는 불가능하다 출 5:4-19. 이 내러티브를 보면, 이스라엘이 결국은 불안만을 안겨 주는 파라오 체제에서 구원을 받아 광야로 나가는 모습이 아주 두드러지게 나타난다. 광야에서 이스라엘은 빵을 받았지만, 이 빵을 저장해 두는 것은 허용되지 않았다 출 16:13-21. 그러나 이보다 훨씬 더 주목할 만한 사실은, 매일 필요한 빵이 오직 그날 것만 주어지는 한계 상황에서도 안식일을 보낼 빵이 공급되었다는 것이다. 이스라엘은 빵을 하루 넘게 저장할 수 없었다. 그러나 여섯째 날만은 예외였다(그것도 큰 예외였다!). 이날만큼은 이스라엘이 일곱째 날까지 먹기에 충분한 빵을 저장할 수 있었고, 덕분에 이스라엘은 일곱째 날에 쉴 수 있었다^{출 16:22-24}. 이런 뜻밖의 양식 공급은 사는 데 필요한 빵이 파라오의 혹독한 통치에서 나온 것이 아니었음을 보여주는 표지였다. 그것은 생명을 보존해 주시는 창조주 하나님의 통치였다. 하나님은 먹을 것이 거의 없는 광야에서도 안식일에는 이스라엘 공동체가 쉬어야 한다고 명령하셨다.

오늘은 그것을 먹으라. 이는 오늘이 야훼께 안식일이기 때문이다. 오늘은 너희가 그것을 들에서 발견하지 못하리라. 엿새는 너희가 그것을 거두되, 일곱째 날은 안식일이니, 그날은 아무것도 없으리라.

일곱째 날에 백성 중 어떤 이들이 거두러 나갔다가 아무것도 발견하지 못하였더라. 야훼가 모세에게 이르시되, "너희가 언제까지 내 계명과 율법을 지키지 않으려느냐? 보라! 야훼가 너희에게 안식일을 주었기에 여섯째 날에는 너희에게 이틀 양식을 주는 것이라. 너희는 각자 너희가 있는 곳에 머물고, 일곱째 날에는 너희 처소를 떠나지 말라."

그러므로 백성이 일곱째 날에 쉬니라 출 16:25-30.

이 내러티브가 강조하는 결론은 **야훼**YHWH가 파라오의 대안으로서 다스리시는 곳에서는, 그곳이 어디든 야훼가 주시는 쉼이 파라오가 야기하는 끝없는 불안에 훌륭히 맞선다는 것이다.

불안이 야기하는 무한 경쟁이 난무하는 현대의 정황에서는, 안식일을 지키는 것이 저항이요 대안인 행위다. 안식일이 저항인 이유는, 이 안식일이 상품 생산과 소비가 우리 삶을 좌지우지하지 않는다는 것을 분명하게 강조해 주기 때문이다. 이러한 저항 행위에는, 만족을 모르는 시장의 끝없는 강요가 가정부터 국가예산에 이르기까지 우리 삶 구석구석에 파고들어 와 교묘하게 온갖 압력을 가할지라도 흔들림 없는 굳건한 각오와 공동체의 격려가 필요하다. 우리가 살아가는 이 불안한 사회 속에서 그런 점을 살펴볼 수 있는 좋은 사례를 하나 들면, '미식축구 경기'가 쉼의 날(안식일)을 침범한다는 사실이 파라오가 던지는 커다란 유혹 가운데 하나라는 것이다. 대체로 시장 이데올로기에 갇혀 있는 가족들은 쉼의 날도 내놓으라는 요구 앞에서 자신들이 무력하다고 생각한다. 이런 정황에서 그 요구에 맞서려면 공동체 차원에서의 엄청난 결단이 (혹은 실제로 그런 요구가 존재하지 않더라도, 존재한다고 가정할 경우에 그 요구에 맞서려면 단호한 결단이) 필요하다.

그러나 안식일은 저항만이 아니다. 안식일은 대안이다. 벅차고 시끄러운 광고는 사방에 널리 퍼져 있고, 전례처럼 거창한 요구를 들이대는 온갖 프로 스포츠는 우리의 '쉬는 시간'을 송두리째 잡아 먹는데, 안식일은 바로 이것에 대한 대안이다. 우리가 제시하는 대안은, 우리를 하나님이 주시는 선물을 받는 쪽에 자리해 있는 존재로 보는 주장을 받아들이고 그 주장대로 실천하는 것이다. 하나님의 선물을 받는 쪽에 자리함은 망설여지는 선택이다. 우리는 만물을 주도하는 쪽에 자리 잡는 데 익숙하기 때문이다. 우리는 선물 받기를 기대하지도 않고 원하지도 않는다. 우리는 무언가를 이루고, 얻으며, 소유하는 데 아주 익숙하다. 이 때문에 나는 안식일을 지키라는 십계명의 넷째 계명이 우리 사회에 매우 어렵고도 절박한 계명이라고 생각하게 되었다. 넷째 계명은 우리더러 상품이 쥐락펴락하는 이 사회, 불안 및 폭력과 더불어 통제와 오락, 빵과 곡예에만 통달한 이 사회의 가장 기본적인 요구들에 맞서는 각오와 행동을 보이라고 요구하기 때문이다.

나는 이 자그마한 책의 테마를 마태복음 11장에서 예수가 일러주신 가르침 중 우리가 익히 아는 문언에서 가져왔다. 예수는 이 본문에서 당신이 사시던 사회가 지우는 '무거운 멍에'와 자신의 '쉬운 멍에'를 대조하신다. 예수의 청중은 바로 알아들었을 '무거운 멍에' 는 아마도 로마가 지운 무거운 형벌과 혹독한 과세, 곧 군사모험주 의를 뒷받침할 목적으로 끝없이 부과하는 세금을 가리키는 말이었 을 것이다. 아울러 그 멍에는 허다한 사람이 지킬 수 없었던 기성 종 교의 엄중한 요구 사항들을 가리키는 말이었을 수도 있다. 제국이든 아니면 제국과 한통속이 된 종교든, 조용히 입 다물고 행하라는 요 구 사항이 무겁기는 어느 쪽이나 매한가지였다. 이런 멍에에 저항하 셨던 예수는 그 대안으로 제자도를 따르는 삶을 제시하셨다. 따라서 오늘 우리의 텍스트에서는 **제자도**가 어전연극command performance (국가 지도자의 요청으로 그 앞에서 하는 공연) 같은 경제 세계에서 충분히 대 안이 되는 행위인 하나님 사랑 및 이웃 사랑과 관련이 있을 수 있다.

이제, 예수가 하시는 말씀 그리고 예수와 그의 공동체가 따르는 관습을 보노라면, 여러 선물이 주어질 것이다! 이렇게 주어지는 선 물은 제국 및 이 제국과 한통속이 된 상징체계가 지배하는 영역 바 깥에 자리해 있었다. 내가 비록 예수를 원용했지만, 그렇다고 기독 교가 유대교 관습임이 분명한 안식일 준수를 가져다가 차지했다는 의미는 아니다. 오히려 예수는 유대교가 당신에게 물려준 이런 관 습, 곧 쉼으로 초대하는 관습을 완전히 이해하셨고 이 관습을 칭송 하며 권면하셨다.

서문

이 책은 바로 "사람을 녹초로 만드는 무거운 짐을 진" 이들을 대상으로 썼다. 사람들이 이런 짐을 짊어지게 된 것은 도무지 만족을 모르는 우리 사회의 여러 요구 때문이다. 제국주의를 유지하기 위한 이 사회의 과세, 더 많이 일하고 더 많이 가질 것을 좨쳐 대며 이 사회에 순응하라는 압박(이를 생생히 보여주는 지독한 사례가 '시험 목적의 교육'이다), 누구에게도 '공짜 점심'은 없으리라는 이 사회의 섬뜩한 의지, 인간의 모든 문제는 기술로 해결할 수 있다는 이 사회의 근거 없는 추측, 탐욕과 통제라는 이 사회의 병리 현상들 모두가 사람을 녹초로 만드는 무거운 짐이다.

데이빗 맥스웰에게 감사하게 되어 기쁘다. 처음에 나를 권유하여 자신이 기획한『생각하는 그리스도인』*The Thoughtful Christian*에 수록할 안식일을 다룬 글을 쓰게 한 이가 바로 데이빗이었다. 아울러 애초에 데이빗과 함께 출판했던 책을 지금 출간하는 이 책으로 옮겨 낼 수 있게끔 준비해 준 웨스트민스터 존녹스 출판사의 메리앤 블리컨스태프에게도 감사한다.

나는 이 연구서가 내게 중요한 의미임을 발견했다. 나 역시 아직 미완인 상태가 안겨 주는 끊임없는 불안을 안다. 이 책을 쉼보다 일을 더 많이 아셨던 어머니 힐다를 추모하며 그분께 헌정하게 되어 기쁘다. 찰스는 어머니의 맏아들이다. 형은 내가 태어나기도 전에 두 살이라는 어린 나이로 세상을 떠났다. 나는 어머니에게서 쉼의 윤리보다 노동의 윤리를 더 많이 배웠다. 그러나 내 성장기는 순수하고 소박했으며, 흙과 가까웠다. 우리 집에는 농촌 생활과 아버지께서 가꾸신 훌륭한 뜰이 안겨 준 꾸밈없는 쉼이 있었다. 어머니는 당신 아들들 때문이라면, 그중에서도 특히 찰스 형 때문이라면 자신이 안식일에 누리는 쉼도 기꺼이 내놓곤 하셨다. 찰스 형은 살 수 있을지가 불확실했기 때문에 이런 돌봄이 필요했으며, 어머니는 기쁘게 당신 아들을 돌보셨다.

나는 예수가 성찬 빵을 선물로 내어 주신 순간이야말로 기독교 전통 속에 자리한 안식일 쉼 관념의 본질을 이루는 중심이라고 생각하게 되었다. 그것은 선물이다! 우리는 그 선물을 감사하며 받는다. 우리에게 "감사합니다"라고 불리는 성례가 있다고 상상해 보라! 우리는 공로나 성과나 자격도 없는데, 받는 쪽에 자리해 있다. 그것은 선물이다. 우리는 감사할 뿐이다! 선물이 주어지는 그 순간이야말로 "사람을 녹초로 만드는 무거운 짐을 지고, 조심해야 할 무거운 짐을 지고 괴로워하는" 많은 이들이 기쁘게 받아들이는 평화로운 대안이다. 거저 선물을 베풂은 유대교 원리를 충실히 따른 것이며, 이를 통해 우리는 우리 사회가 미친 듯이 아무 비판도 하지 않고 쫓아가는 기막힌 반反이웃 정신에 충분히 제동을 걸 수 있을지도 모른다. 피쉬베인은 '평강의 주'를 두고 다음과 같은 말로 마무리한다.

이것은 하나님의 사랑을 이루고자 생명 안에서 죽어감이다. 이것은
하나님을 위해 자기 의지를 내어버림이다. 그리고 온 세상이 놀랄 경
이驚異다.[6]

주

1. 물론 기독교 해석자들도 안식일을 다룬 훌륭한 연구서를 많이 내놓았다. 그 가운데 가장 훌륭한 책
이 Marva J. Dawn, *Keeping the Sabbath Wholly: Ceasing, Resting, Embracing, Fasting*(Grand Rapids:
Eerdmans, 1989)이다. (『안식』 IVP)

2. Abraham Heschel, *The Sabbath: Its Meaning for Modern Man*(New York: Farrar, Straus, Giroux,
1951). (『안식』 복 있는 사람)

3. Michael Fishbane, *Sacred Attunement: A Jewish Theology*(Chicago: University of Chicago Press,
2008).

4. 같은 책, 124-25.

5. 같은 책, 125-27.

6. 같은 책, 128.

| 1장 | 안식일과 첫째 계명

『현대성서주석』*Interpretation* 시리즈의 편집자인 패트릭 밀러Patrick Miller 는 안식일을 이야기하는 네 번째 계명이 십계명 전체를 이어주는 '중요한 다리'임을 예리하게 간파했다.[1] 네 번째 계명은 먼저 나온 세 계명과 쉬시는 하나님을 돌아본다^출 20:3-7. 아울러 안식일을 지키라는 계명은 이웃과 관련된 마지막 여섯 계명을 미리 내다본다^출 20:12-17. 이 계명들은 이웃과 함께하는 쉼을 제시한다. 일곱째 날에는 하나님, 자신, 그리고 모든 가족이 함께 쉼을 누린다. 안식일의 쉼이라는 이 사회적 실체는 언약 공동체는 물론이요 시내산에서 받은 계명들과 공통성을 갖게 하고 끈끈한 유대를 맺게 한다. 이런 이유 때문에 안식일 계명을 다룬 이 연구서는 먼저 첫 번째 계명을 곱씹어봄으로써 시작한 다음, 이어 십계명을 끝맺는 열 번째 계명을 살펴봄으로써 마무리하는 것이 적절하겠다.

|

첫 번째 계명은 하나님, 우상을 혐오하시는 하나님의 성품, 하나님
의 이름과 관련이 있다[출 20:2-7]. 우리가 이러한 하나님의 정체를 살펴
보면, 어떤 경쟁 상대도 결코 용납하지 않고 마침내 쉼을 누리실 하
나님이 이 내러티브 속에 들어와 계신 하나님이심을 금세 알게 된
다. 이스라엘의 하나님 야훼를 이야기하는 이 내러티브의 모체는
출애굽이다. 그 하나님은 "너를 이집트 땅, 종 되었던 집에서 이끌
어 낸" 하나님이시다. 이리하여 안식일 계명은 출애굽 내러티브 속
으로 들어왔다. 쉬시는 하나님은, 노예인 처지에서 해방시켜 주시
고 결국은 이집트의 노동 시스템과 그런 시스템을 요구하며 정당하
게 만들어 주는 이집트의 여러 잡신에게서 해방시켜 주시는 하나님
이기 때문이다. 바로 그 이유 때문에, '다른 신들'을 두지 말라는 첫
번째 계명의 금지 내용은 이집트의 여러 신들[출 12:12] 및 이 신들과 같
은 부류인 가나안의 다른 신들, 결국은 대제국인 앗수르나 바벨론
이나 페르시아의 여러 신들과 직접 관련이 있다고 판단하는 것이 타
당하다. 이스라엘이 생각하는 내러티브를 보면, 이집트의 신들은 몇
몇 제국의 모든 잡신을 대표하는 것이다. 이런 신들이 가진 공통점
은, 이들이 빼앗아 가는 신이라는 점이다. 이들은 끝없는 생산을 요

구하고 원칙상 만족을 모르는 무한 생산 시스템에 권위를 부여한다. 따라서 '이집트'를 언급함은 이스라엘의 하나님을 사회경제 시스템과 관습의 궤도 속으로 끌어들일 뿐 아니라, 이 하나님을 만족을 모른 채 무한 생산을 요구하는 여러 신과 충돌하는 분으로 만들 수밖에 없다.

'이집트'를 언급함은 십계명을 주시는 시내산의 하나님이 그저 종교적 형상이 아니라 사회경제 관습과 정책에 늘 깊은 관심을 기울이시고 지켜보시는 분임을 일러 준다. 따라서 우리가 이 하나님(또는 어떤 신)을 이해하기 원한다면, 그 신이 정당성과 권위를 부여하는 사회경제 시스템을 살펴보아야 한다. 이집트 신들의 경우—이 신들은 이스라엘 백성을 이집트에서 이끌어 내신 하나님 반대편에 있는 것들이요, 하나님과 경쟁하는 것들이다—파라오가 숭배하는 신들이 정당성을 부여한 파라오의 생산 시스템을 살펴보아야 한다. 출애굽기 5장을 보면 이집트의 노동 시스템을 열심히 설명하는 내러티브 기사가 나오는데, 파라오는 이 시스템을 통해 더 많이 생산하라고 끝없이 요구한다. 노예들은 파라오가 끝없이 공급되는 재부를 곡물 형태로 쌓아 둘 수 있는 '국고國庫 도시'를 더 많이 짓는 데 쓸 벽돌을 더 많이 만들어 내야 한다출1:11. 이 시스템은 많고 더 많은 잉여 생산물을 만들어 내려고 고안한 것이었다창 47:13-26. 때문에 늘

27

더 많은 저장 시설이 필요했고, 이런 시설은 다시 그런 시설들을 지을 벽돌을 요구하는 수요를 더 많이 만들어 냈다. 따라서 우리가 필요한 벽돌들을 노예에게서 얻는 쪽을 따른다면 결국 넘치는 부를 얻는 셈이며, 이러한 부를 파라오의 신들이 준 선물로 여길 것이다.

출애굽기 5장의 내러티브는 파라오가 인정머리라고는 눈곱만치도 없는 생산 감독자라고 보고한다. 파라오가 생각하는 생산 일정은 끝없이 일만 이어진다.

- 너희가 어찌하여 백성들이 일을 못하게 하느냐? 가서 너희 일이나 하라!4절
- 그러나 너희가 그들이 일을 그만두게 하려고 하는도다!5절
- 너희는 백성에게 더 이상 이전과 같이 벽돌을 만들 짚을 주지 말고, 그들이 가서 스스로 짚을 모으게 하라. 그러나 너희는 백성에게 그들이 이전에 만들었던 것과 똑같은 수량만큼 벽돌을 요구하라. 그들이 게으르니, 그 숫자를 줄이지 말라7-8절.
- 그들에게 더 무거운 일을 시키라. 그러면 그들이 그 일을 하느라 거짓말에 귀를 기울이지 않으리라9절.
- 나는 너희에게 짚을 주지 않으리라. 너희가 짚을 발견할 수 있는 곳이면 어디든 가서 너희 스스로 짚을 거두라. 그러나 너희 일은 조금

도 줄이지 않으리라10-11절.

• 너희가 짚을 받았을 때와 똑같은 일일 노동량을 채우라13절.

• 너희가 왜 어제와 오늘은 요구 받은 벽돌 양을 너희가 이전에 했던 것처럼 채우지 않았느냐?14절

• 그들이 당신 종들에게 짚은 주지 않은 채 우리더러 "벽돌을 만들어 라"고 말하나이다16절.

• 너희가 게으르다, 게으르다. 그래서 너희가 "가서 야훼께 제사를 드 리자"고 말하는도다. 너희에게 짚을 전혀 주지 않겠지만 벽돌은 여 전히 똑같은 수를 바치게 하리니, 당장 가서 일하라17-19절.

• 너희가 매일 만드는 벽돌 숫자를 줄이지 않으리라19절.

이 내러티브의 수사는 지독하다. 처음부터 끝까지 한 가지 이야기만 하며, 마치 공장의 생산 일정처럼 지독하게 몰아붙인다.

이런 시스템에서는 분명 안식일의 쉼이 있을 수 없다. 파라오 가 생각하는 감독 기능에는 쉼(쉬게 해줌)이 없다. 그는 틀림없이 매 일 생산 스케줄을 감시한다. 결국 파라오가 세운 감독자나 십장什長 에게도 쉼이 있을 리가 없다. 파라오가 요구하는 할당량을 채우려 면 감독자가 시키는 대로 일해야 하는 노예들에게도 당연히 쉼이 있 을 리 만무하다. 더욱이 우리는 '이집트의 신들'도 파라오의 시스템

을 위대하게 보이도록 만드는 일에 이바지하느라 쉬지 않았으리라
고 상상해 볼 수 있다. 파라오의 영광은 분명 이집트 신들의 영광으
로 귀결되었기 때문이다. 이와 같은 경제는 그 경제 시스템 전체에
정당성을 부여하는 신들의 영광을 반영하며, 그런 시스템에서는 값
싼 노동이 필수불가결한 요소^{footnote}다!

출애굽 기억, 나아가 결국은 시내산 계명이 **안식일이 없는** 환경
에서 펼쳐졌음은 굳이 상상력을 동원하지 않아도 충분히 알 수 있
다. 그런 정황에서 사회의 권력 관계를 구성하는 모든 계층—여러
잡신, 파라오, 감독자, 십장, 노예—은 하나같이 끝없는 생산 고역
에 붙잡힌 채 시달려야 했다.

소망이라고는 찾아볼 수 없는 이 피로한 시스템 속으로, 불타는
떨기나무에서 나타나신 하나님이 뚫고 들어오신다^{출 3:1-6}. 그 하나님이
절망뿐인 노예들의 노역을 굽어 살피시고^{출 2:23-25}, 노예살이 하는 이
스라엘 백성을 그런 착취 시스템에서 해방시키기로 결심하신 뒤^{출 3:7-9},
해방을 위해 인간이 해야 할 일을 맡기시고자 모세를 부르셨다^{출 3:10}.
미리암과 다른 여자들이 출애굽 내러티브 끝 부분에서 노래하고 춤
출 수 있는 이유는 새로운 사회 현실이 등장했기 때문이다. 이 사회
현실에서는 도무지 만족을 모르는 채 생산 할당량을 채우라고 요구
하는 파라오와 그 신들이 이스라엘 백성의 경제생활을 더 이상 좌지

우지하지 못하고 강제하지 못한다^{출 15:20-21}.

첫 번째 계명은, 출애굽을 이끄시는 하나님이 노예들이 그때까지 알았던 다른 모든 신들과 다르다는 선언이다. 이 하나님과 만족함 없이 제국의 생산 행위를 끝없이 독려하는 여러 잡신을 혼동하거나 같은 반열에 놓아서는 안 된다.

이 하나님은 나중에 자기 자신을 자비롭고, 변치 않는 사랑을 베풀며, 신실한 하나님으로서 성실을 다해 언약 관계에 헌신하는 분으로 나타내신다^{출 34:6-7}. 이처럼 하나님이 **생산품**(벽돌)이 아니라 **관계**(언약)에 헌신하시는 근본 요인은, 이 하나님이 쉼을 주실 수 있는 능력과 쉼을 주시려는 의지를 가지고 계시기 때문이다. 하나님이 베푸시는 안식일의 쉼은 하나님과 이 세상에 있는 하나님의 백성이 끝없는 생산에 종사하라고 보냄을 받은 일용품이 아니요, 우리가 습관처럼 말하듯이 중앙통제 경제에 복종하는 '하수인'(도구)으로 보냄을 받은 것이 아님을 인정하는 것이다. 오히려 그들은 이웃으로서 함께 사는 경제 속에 자리한 주체들이다. 이 모든 것이 현실로 나타난 하나님의 쉼 속에 숨어 있다.

이 때문에 안식일을 지키라는 출애굽기 20：8-11의 명령은, 하나님이 천지를 창조하시고 일곱째 날에 쉬셨음을 떠올려 주면서 창세기 2：1-3을 넌지시 언급한다. 하나님이 창조의 일곱째 날에 쉬셨음은 야훼가 일 중독자가 아니요, 피조물이 온전히 제 기능을 하리라는 것을 전혀 염려하지 않으시며, 피조물의 행복이 끝없는 일에 의존하지 않는다는 것을 분명하게 보여주었다. 따라서 하나님이 이렇게 행하시고 보여주신 쉼은 창조하신 하나님, 창조 자체, 그리고 쉬시는 하나님의 형상을 가진 피조물의 성격을 규정한다.

창조(그리고 창조에서 나타난 쉼)는 이를 제약하는 불안이 없어야 행동으로 옮길 수 있고 받아들일 수 있다. 사실 이러한 하나님의 쉼은 다른 잡신들이 재가裁可하고 이런 잡신을 추종하는 자들이 행동으로 드러내 보이는, 쉼이 없는 끝없는 활동이 옳지 않음을 확인해 주며 그와 같은 활동을 부서뜨린다. 나아가 출애굽기 31:12-17이 제시하는 계명은 하나님이 일곱째 날에 쉬셨음을 되새겨 주면서, 하나님이 그날 "새롭게 활력을 회복하셨다"refreshed고 말한다. 이스라엘의 하나님(그리고 만물을 창조하신 하나님)은 움직이지 않고 고정된 객체가 아니시다. 여기서는 그 하나님을, 활력을 소모하셨다가 쉼을 통해 완전한 의미의 '자아'nephesh를 되찾으실 수 있는 분으로 이야기한다.

II

두 번째 계명은 첫 번째 계명과 긴밀한 연관이 있다. '새긴 형상'(우상)을 금하는 둘째 계명은 야훼를 예술 기교를 부려 표현하는 것을 금지한다. 이런 표현물은 야훼가 "계실 곳을 정하고" 야훼의 주거를 한정함으로써, 결국 이렇게 화산 터지듯 폭발하시는 하나님이 가진 자유를 제한할 것이기 때문이다[출 20:4-6, 삼하 7:6-7]. 이런 형상들은 상상과 실제 행동을 통해 하나님을 이스라엘과의 언약과 관계의 신실함에서 멀찌감치 끌어다가 객체와 상품의 세계 속으로 되돌려 놓는 효과가 있다. 예술이라는 형태를 빌려 하나님의 형상을 만들어 내려는 유혹은 늘 어디에서나 값비싼 재료로 어떤 상품을 만들어 내는 기회가 될 뿐이다. 그 값비싼 재료라는 것도 고작해야 금이 있을 때는 금이요, 금이 없을 때는 그보다 가치가 덜한 재료일 뿐이다. 신을 금(또는 그보다 훨씬 못한) 재료를 써서 어떤 상품으로 만들어 내면, 주체인 신은 객체가 되어 버리고, 행동하는 인격체는 상품이 되어 버린다.

우리는 구약 성경에서 이런 유혹에 말려든 분명한 사례 두 개를 인용해 볼 수 있다. 첫째, 출애굽기 32장의 '황금 송아지' 내러티브를 보면, 금으로 형상을 만들어 이를 기꺼이 하나님을 대신하며 언약을 위험에 빠뜨리는 신으로 삼았다. 이어지는 출애굽기 33-34장 내러티

브는 이스라엘이 왜곡된 형상에 빠진 뒤에 언약 관계로 되돌아올 가
능성을 회복시켜 줄, 힘들고 교묘한 협상을 이야기한다^{출 34:9-10}. 사정
이 이러하니, 야훼가 계실 '집'으로 설계한 솔로몬 성전이 금으로 도
배한 투자 상품으로 전락해 버린 것은 당연한 일이었다.

> 그 내소의 안은 길이가 이십 규빗이요 너비가 이십 규빗이요 높이가
> 이십 규빗이라. 정금으로 입혔고 백향목 제단에도 입혔더라. 솔로몬이
> 정금으로 외소 안에 입히고 내소 앞에 금사슬로 건너지르고 내소를 금
> 으로 입히고 온 성전을 금으로 입히기를 마치고 내소에 속한 제단의
> 전부를 금으로 입혔더라^{왕상 6:20-22}.

> 솔로몬이 또 여호와의 성전의 모든 기구를 만들었으니 곧 금 단과 진
> 설병의 금 상과 내소 앞에 좌우로 다섯씩 둘 정금 등잔대며 또 금 꽃과
> 등잔과 불집게며 또 정금 대접과 불집게와 주발과 숟가락과 불을 옮
> 기는 그릇이며 또 내소 곧 지성소 문의 금 돌쩌귀와 성전 곧 외소 문의
> 금 돌쩌귀더라^{왕상 7:48-50}.

이렇게 호화로운 기물과 장식으로 야훼를 드높인다 했지만, 이 성전
은 분명 솔로몬과 그의 체제에 영광을 돌릴 목적으로 지은 것이었

다. 금으로 만든 기물에 정성을 쏟다가 언약이 가질 수 있는 소박하고 직관적인 내용을 분명히 왜곡하고 말았다. 상품을 향한 욕구는 대부분 언약 전통을 몰아내 버렸다.

근대 세계에 들어와서는 카를 마르크스 Karl Marx가 사람을 굴복시키는 상품의 힘을 깊이 성찰했다. 그는 그가 쓴 유명한 문구인 '상품 숭배' commodity fetishism를 그 시대의 종교사 연구에서 가져왔다. 당시 종교사 연구자들은 '원시인'이 그와 같은 물신숭배 경향을 가지고 있었으며, 이런 경향이 원시인들의 욕망과 예배를 점령했었다고 판단했다. 마르크스는 그런 개념을 원시인들의 관습에서 근대 시장의 유혹으로 옮겨 놓았다. 그는 사회적 가치가 있는 상품들을 소유하는 것이 그런 가치가 있는 것을 더 많이 소유하려는 욕망을 만들어 냄으로써 결국 상품이 그 나름의 권력을 갖게 되었으며, 이 권력은 더욱더 많은 것을 소유하려는 욕망으로 이루어져 있다고 판단했다. 파라오가 그에게 필요했을 양(재산 정도)을 넘어 더 많은 곡물을 거두라고 강요한 것은 말 그대로 그의 거대한 부와 권력을 과시하려는 목적 때문이었음을 쉬이 간파할 수 있다. 더 많이 소유하려는 그의 욕망은 쉼이 없음을 만들어 냈고, 이 쉼이 없음은 그 자신 혹은 그가 다스리는 영역 안에 있는 어떤 이도 안식일의 쉼을 전혀 누리지 못하게 만들었다. 또한 성경은 솔로몬을, 만족을 모른 채 더 많이 얻고자 하는 욕구를 앞세워 그가 힘을 행사할 수 있는 세계에 존재하는 모든 것을 소유하려 한 인물로 묘사한다 왕상 10:14-25.

신명기가 '하나님을 새긴 형상'의 힘과 위험성을 깊이 생각하는 것은 타당한 이유가 있다. 설교 색채를 띠는 신명기 4장은—후대에 첫 두 계명을 설명하고자 덧붙였을 가능성이 높은 말속에서—'상품 종교'가 안겨 주는 위험성을 되돌아보며 이렇게 말한다.

> 여호와께서 호렙산 불길 중에서 너희에게 말씀하시던 날에 너희가 어떤 형상도 보지 못하였은즉 너희는 깊이 삼가라. 그리하여 스스로 부패하여 자기를 위해 어떤 형상대로든지 우상을 새겨 만들지 말라. 남자의 형상이든지, 여자의 형상이든지, 땅 위에 있는 어떤 짐승의 형상이든지, 하늘을 나는 날개 가진 어떤 새의 형상이든지, 땅 위에 기는 어떤 곤충의 형상이든지, 땅 아래 물 속에 있는 어떤 어족의 형상이든지 만들지 말라. 또 그리하여 네가 하늘을 향하여 눈을 들어 해와 달과 별들, 하늘 위의 모든 천체 곧 너희의 하나님 여호와께서 천하 만민을 위하여 배정하신 것을 보고 미혹하여 그것에 경배하며 섬기지 말라 신 4:15-19.

야훼와 이스라엘이 가진 특수성에 손상을 입히는 일은 극히 위험하다. 이스라엘이 만들지도 모를 형상들을 이렇게 열거한 다음, 신명기 4:20의 수사는 그 대안을 들려준다.

여호와께서 너희를 택하시고 너희를 쇠 풀무불 곧 애굽에서 인도하여

내사 자기 기업의 백성을 삼으신 것이 오늘과 같도다.

본문은 야훼가 이스라엘에게 주신 해방이라는 선물과 형상이 던질 수 있는 모든 유혹을 대조한다. 출애굽 기억은 자유를 주시는 자유의 하나님과 관련이 있다. 이 본문이 분명히 암시하는 것은 고정된 형상이 자유를 배제하며 안정된 균형을 상징하는 우상이 된다는 것이다. 그런 형상을 섬기는 종교는 이스라엘의 하나님과 이스라엘이 정의하는 내러티브가 불러일으키는 해방의 추진력을 부정하는 현재의 사회경제 권력을 유지하는 길이 된다. 따라서 **창조**의 정점인 안식일과 **출애굽**의 정점인 안식일이 모두 상품을 추구하는 파라오의 욕망을 거부한다고 보는 것이 타당하다. 이런 거부는 이스라엘의 신앙과 이스라엘의 경제 경영에 결정적인 의미가 있다. "그 대상들을 예배하면서 그것들을 너희를 규정하는 욕망으로 삼지 말라!" 철두철미한 양자택일이 바로 첫 번째 계명이 다루는 문제다. 첫 번째 계명은 이스라엘이 부닥쳤던 두 가지 유혹, 곧 우상을 섬기라는 종교적 유혹과 상품을 섬기라고 꼬드긴 경제적 유혹과 관련이 있다.

III

야훼는 안식일을 지키시는 하나님이다. 이 사실은 쉼과 쉬지 않음이
이스라엘의 삶의 중심에 자리해 있음을 확인해 준다. 야훼는 안식일
을 주신 하나님이자 안식일을 지키라고 명령하시는 하나님이다. 이
런 이유 때문에 이스라엘은 늘 "삶과 죽음" 사이에서신 30:15-20, 야훼
와 "너희 조상들이 이집트에서 섬긴 신들" 사이에서수 24:14-15, 야훼
와 바알 사이에서왕상 18:21, 토라의 길과 죄인의 길 사이에서시 1편 거듭
선택을 반복해야 한다. 안식일은 쉼의 하나님을 고르고 쉼의 하나님
을 따르는 결정적이고 구체적이며 가시적인 방법이 된다.

이와 같은 양자택일은 예수의 가르침에서도 물론 명백하게 나타
난다. 예수는 산상설교에서 당신의 제자들에게 이렇게 선언하신다.

한 사람이 두 주인을 섬기지 못할 것이니 혹 이를 미워하고 저를 사랑
하거나 혹 이를 중히 여기고 저를 경히 여김이라. 너희가 하나님과 재
물을 겸하여 섬기지 못하느니라마 6:24.

맘몬(자본, 부)의 길은 끝없는 욕망, 끝없는 생산, 안식일도 없이 끝
없이 일함을 뜻하는 상품의 길이다. 예수는 제자들에게 그들이 두

길을 모두 가질 수 없으리라고 가르치셨다.

　마태의 전승을 보면, 그 다음 구절들마 6:25-33은 신뢰의 반대말인 '염려'의 위력을 상세히 설명한다. 물론 예수는 같은 마태복음 전승 안에서 우리가 익히 아는 다음의 말씀으로 나아가신다.

> 수고하고 무거운 짐 진 자들아, 다 내게로 오라. 내가 너희를 쉬게 하
> 리라. 나는 마음이 온유하고 겸손하니 나의 멍에를 메고 내게 배우라.
> 그리하면 너희 마음이 쉼을 얻으리니 이는 내 멍에는 쉽고 내 짐은 가
> 벼움이라마 11:28-30.

"지침", "무거운 멍에를 짊어짐"은 하나같이 끝없는 생산을 추구하는 상품 사회를 이야기하는 방식이다. 문맥상 이 말은 사람들에게 고통을 안겨 주는 로마 제국의 과세 시스템을 가리키는 말이었을지 모른다. '멍에'는 종종 제국이 매기는 세금을 가리켰기 때문이다. 다른 한편으로 '멍에'는 지나치게 율법에 매여 무한 충성을 요구하던 종교 시스템의 끝없는 요구를 가리키는 말이었을 수도 있다. 예수는 제국이 물리는 무거운 세금이나 지나치게 율법에 매인 종교를 염두에 두시고 그 대안을 이렇게 제시하신다. "내게 와서 쉬라!" 그는 더 이상 생산 시스템에 규정당하지 않고 헌신하지 않는 이들에게 안

식일의 쉼을 온몸으로 보여주는 상징이 되신다. 그는 당신의 독특한 성품대로 이런 역할을 맡으심으로써 이스라엘의 전통 및 이런 전통을 주관하시는 안식일의 하나님과 완전한 일치를 이루신다.

유대교 신자와 그리스도인은 이런 계명을 이 시대에도 유효한 명령으로 여기고 계속하여 그것에 귀를 기울인다. 때문에 우리도, 다른 신이 아니라 해방을 안겨 주시는 하나님과 관련된 첫 번째 계명과, 상품이라는 형상과 관련된 두 번째 계명이 우리가 보통 영위하는 삶과 어떤 관계를 맺고 있는지 살펴볼 수 있을 것 같다. 물론이 계명들은 인간 상태의 불변성 및 복음의 가능성과 늘 관련이 있다. 그러나 우리는 십계명의 첫 두 계명과 우리의 현재 상황 사이에 존재하는 특별하고도 직접적인 관계를 더 자세하게 살펴볼 수 있을 것이다. '신神을 택함'은 현실 정황에서 쉼이 없음을 택하거나 쉼을 택함이다.

이 시대 우리 사회에 쉼이 없다는 사실은 명백하며 유행병처럼 펴셔 있다. 이 쉼이 없음의 정체를 밝히려면 마르틴 루터Martin Luther가 '믿음과 행위'에 관해 제시한 개념으로 거슬러 올라가야 할 것 같다. 그는 이 개념을 다루면서 하나님의 선하심에 보답하여 무언가를 만들어 내고 행하며, 어떤 자격을 갖추어야 함을 가리키는 '행위'를 강조했다. 종교개혁이 강조했던 행위 개념을 활용하여 이 시대 우리 사회의 쉼이 없음 속에서 아직도 만족하지 못하고 만끽하지 못함을 보여주는 증거를 찾아내기는 쉬운 일이다. 아니면 이렇게 쉼이 없는 상태는 어쩌면 계몽주의가 '개인'을 발견하고 그에 이어 등장한 개인주의 이데올로기에 뿌리를 두고 있을지도 모른다. 개인주의는 우리를 활력 있게 지지해 주는 공동체 및 전통과 우리를 단절시킨다. 이런 개인주의 이데올로기에서는 각 사람이 다른 사람을 따르지 않고 자신의 미래를 자유롭게 확보할 수 있을 뿐 아니라, 스스로 자신의 미래를 확보해야 한다. 자유방임 경제는 각 사람이 물에 빠지든지 아니면 스스로 노력하여 헤엄쳐 건널 것을 명령하며, 그저 터벅터벅 걸어서 물을 건너는 것으로는 만족하지 않기 때문이다.

이렇게 종교개혁과 계몽주의 속에 자리한 뿌리들이 이 시대 우리 사회가 처한 상황을 만들어 냈다. 우리 사회의 상황은 더 큰 안녕과 더 큰 행복을 끝없이 추구하게 하지만, 이런 추구에는 늘 만족이 없다. 우리는 여태껏 한 번도 충분히 갖지 못했고 충분히 해보지 못했다는 것이 그 증거다. 이 시스템을 주관하는 신(다른 신들)은 시장 이데올로기를 주장하는 신들이다. 이 신들은 끝없는 욕망과 필요를 불러일으킨다. 그런 욕망과 필요는 결코 채워지지 않는데도 늘 더 큰 노력을 요구한다.

"아직도 충분하지 않다"와 "더 큰 노력을 요구한다"가 낳은 쉼이 없음을 구성하는 여러 요소는 모든 곳에서 또렷하게 볼 수 있다. 그러나 그 요소들은 결코 현실로 존재하지 않는 완전한 만족이라는 어떤 궁극적 실재에 이르려는 신학적 욕망에 기초하고 있다. 그렇게 신학적으로 '잘못된 헌신'mis-commitment은 결코 완전한 만족에 이를 수 없는 경제행위에서 분명하게 드러난다. 시스템 자체가 가진 이런 본질적 부적절성은 고대 히브리 노예들의 사례에서 확연하게 인식할 수 있다. 이 노예들을 감독하던 감독자들과 십장들은 생산량이 부족하다는 것을 끊임없이 되새기면서 그들을 괴롭혔다.

1. 시장신학을 섬기는 소비자주의(소비만능주의)의 제의祭儀는 생산품도 하나 더 사고, 차도 한 대 더 사고, 탈취제도 하나 더 사고, 금지약물도 하나 더 사고, 핸드폰도 하나 더 사고, 맥주도 한 병 더 사라고 늘 부추긴다. **광고 게임** 같은 이 제의의 메시지는 '생산품'이 누군가를 안전하게 해주거나 정말 환영받는 사람으로 만들어 주리라는 것이다. 그러나 이 메시지는, 아직 생산품을 갖지 못한 이는 바로 그런 이유 때문에 아직 안전하지도 않고 환영받지도 못한다는 메시지를 전제한다. '새롭고 발전된' 생산품, 끊임없는 스타일 진보, 그리고 늘 새로운 기술은 옛것을 소유함을 부적절하고 불완전한 것으로 만듦으로써 결국 상품이라는 여러 잡신을 만족시킬 노력을 끝없

이 하게끔, 이런 노력을 하지 않으면 안 되게끔 만든다.

2. 이렇게 상품을 추구할 수 있는 경제적 수단을 가지려면, 남보다 **우월한 교육**을 받아야 한다. 그러면 결국 우리의 능력과 우월함을 드러내고자 '시험 목적의 교육'만 발전시키려고 애쓰는 결과를 낳을 뿐이다. 이런 교육의 상품화는 전통을 슬기롭게, 비판적인 안목으로 배우는 모습이 시험 성적이 주는 압박에 밀려 사라져 버렸음을 뜻한다. 더군다나 시험을 잘 치려다 보면, 좋은 학교에 들어가려는 압력에 끊임없이 시달리고, 그에 따라 성적을 올리려는 교사의 압박에 시달리게 된다.

3. 그러나 시험 점수가 좋은 것만으로는 가장 좋은 교육 프로그램에 들어갈 수가 없다. 이 때문에 **방과 후 보충 활동**까지 해야 한다. 부모는 끊임없이 시중을 들며 자녀들을 테니스 수업이나 미식축구 수업이나 피아노 과외로 실어다 주어야 하는 운전사 노릇을 해야 한다. 이러다 보니 결국 즐거움이나 자람이라는 목표는 정신없이 분주함에 묻혀 사라져 버리고, 끝내 이런 활동은 좋은 학교에 진학할 자격증을 쌓는 과정으로 전락하고 만다.

4. 젊은이들이 사회에서 쉼이 없음을 보여주는 연기자 역할만을 할 경우, 경제는 축적이라는 동일한 경로를 통해 출세하는 과정이 되거나 그 자리에 머무는 과정이 된다. 결국 쉼이 없음은 힘이 세고 인맥이 든든한 자들이 그들의 욕망을 더 많이 채울 길을 열어 줄 신용, 과세, 각종 규제 관련 법률들이 시행될 수 있게 의회와 법관 지명을 좌지우지하고 통제하려는 **정치적 노력**이 되어 버린다. 이런 쉼이 없음은 가난한 환경이나 좀체 오지 않는 기회 때문에, 혹은 약육강식 사회에서는 자신에게 절망뿐이라는 것을 올바로 간파한 패배주의 때문에 다른 이들과 경쟁을 펼칠 수 없는 많은 '낙오자'를 낳을 수밖에 없다. 이렇게 끝없이 더 많은 것을 얻으려고 몸부림치다 보니, 결국 다수를 희생시키고 소수만이 안전과 행복을 누리는, 고대 파라오의 피라미드를 그대로 본뜬 사회질서가 만들어지고 말았다.

5. 경제적 이익과 도저히 만족을 모르는 삶의 기준은 결국 자원과 시장을 통세할 목적으로 **팽창과 공격**을 추구하는 군사 정책을 요구하게 된다. 그 결과 세계 경제질서도 이윤이 끝없이 권력과 성공을 누리는 피리미드의 정점으로 흘러들어 가도록 설계하게 되었으며, 이를 잘 보여주는 예가 세계은행ᵂᴮ과 국제통화기금ᴵᴹᶠ이다. 이런 질서를 가장 생생하게 보여주는 상징이 파라오 시스템이 낳은 최고

의 건축물인 피라미드임은 결코 우연이 아니다. 피라미드의 정점에 있는 그들 자신만이 끝도 모르는 만족의 삶을 누릴 수 있으려면 지독히 짠 '최저임금'으로 부려 먹는 값싼 노동력이 어마어마하게 필요하다.

6. 이처럼 만족을 누릴 목적으로 소비 상품을 (그리고 그와 함께하는 정치적·문화적·군사적 요구 사항을) 끝없이 얻고자 하면, 과잉 생산과 **토지 남용**을 할 수밖에 없고, 제한된 석유와 물을 낭비할 수밖에 없다. 결국 쉼이 없음은 환경을 짓밟는 결과를 낳는다. 질서가 잡혀 있던 피조 세계는 뒤틀어지고 어쩌면 생명력을 잃어버릴지도 모른다. 인간은 쉼이 창조주와 창조가 남긴 마지막 표지임을 잊어버린 지 오래되었다.

7. 어쩌면 **프로 스포츠**야말로 (그리고 이런 프로 스포츠의 부분집합에 불과한 주요 대학 스포츠도) 쉼이 없음을 가장 잘 보여주는 상징totem일지 모른다. 끝없이 이어지는 스포츠 축제는 권력과 부와 남자다움을 드라마틱하게 부각시키는 자리가 된다. 이런 스포츠 축제에서는 '승리'도 수많은 부정한 착취들이 이루어 낸 결과물이며, 그 착취들은 하나같이 엄청난 돈놀이에서 이겨 그 정점에 서고자 하는 욕망의 표

현일 뿐이다.

8. 물론 이러한 쉼이 없음의 모든 측면은 불안에서 유래하고, 또 불안을 만들어 낸다. 그리고 불안은 여러 가지 모양의 공격 행위로 이어져 결국은 **폭력**으로 나타난다.

- 거대한 애국 응원을 즐기는 군사모험주의로 나타난 폭력
- 땅을 마구 사용함이 상징하는, 땅을 향한 폭력
- '돈 받으며 입는 부상'이 그 증거인 스포츠 현장의 폭력
- 폭력에서 지켜 주는 안전수단'인 총으로 상징되는 이웃 사이의 폭력
- 모든 약자들을 상대로 한 폭력
- 젊은이들을 상대로 한 성폭력
- 법 절차와 은행의 여러 절차를 앞세워 가난한 자들을 상대로 벌이는 전쟁

현재 심각할 정도로 쉼이 없는 우리 사회의 여러 사회관계를 특징짓는 불안의 수준은 그 수준이 아무리 높아도 그대로 인정할 수밖에 없다. 그렇지 않은가? 이렇게 폭력성까지 동반한 쉼 없음 덕분에 이웃사촌 만들기는 거의 불가능한 일이 되고 말았다.

이것은 모두 새삼스러운 일이 아니다. 사람들 사이에서는 이 모든 일이 아주 오래전부터 있었다. 이 모든 일은 파라오가 다스리는 이집트만큼이나 오래되었다. 출애굽기 내러티브는 '1회로 끝나는' 기적이 아니다. 이집트의 노예들이 머물던 장막 묘사와 출애굽으로 나타난 구원은 그때에만 일어난 외톨이 기적이 아니다. 이 내러티브는 이웃을 적대시하는 신들이 정당성을 부여한 것으로서 우리 시대에도 되풀이하여 벌어지는 사회관계들을 표현한 것이다. 그런 신들은 상품에만 눈독을 들인 채 이웃을 이웃이 아니라 노예요 위협이며, 대적이요 경쟁자로 다시 정의하는 것에 정당성을 부여한다.

우리는 '다른 신들'과 이 신들이 권위를 부여하는 시스템을 깊이 생각해 보아야 비로소 십계명의 첫 두 계명이 급진적 본질을 가졌음을 인정할 수 있다. 불안을 야기하는 시스템에서 건져내 주신 쉼의 하나님이 쉼 없음이 판치는 이러한 영역으로 들어오신다. 이 하나님은 상품에 굶주리지 않으신 분이요, 상품중심 시스템에 정당성을 부여하시는 분도 아니다. 도리어 이 하나님은 저 '낙오자들'의 부르짖음에 귀를 기울이시고, 쉼이 없는 시스템에서 건져 내어 이웃사랑이 넘치는 쉼으로 인도하심으로써 그들의 미래를 열어 주려고 오시는 분이다.

십계명의 첫 두 계명은 사회적 행위와 사회현상 아래 숨은 채

심오하고 근본적이며 만물을 규정하는 이슈인 '하나님 대 여러 잡신'이라는 문제로 나아간다. 우리가 사는 세상에서는 상품화를 이끄는 여러 잡신이 대부분 아무런 도전도 받지 않고 활동한다. 그 결과, 착취를 일삼는 이런 잡신들의 시스템 또한 아무런 도전도 받지 않고 사람들 눈에도 띔이 없이 활동한다. 착취(혹사)는 일상사가 되었다. 쉼이 없음은 예외가 아니다. 불안은 애초부터 있는 것이요, 폭력도 사업에 따르는 대가라며 대수롭지 않게 여긴다. 이 모든 것이 실제 현실이다. 이러한 현실 속에서 살다 보니, 우리는 우리가 만든 게 아니라 애초부터 있던 것처럼 보이는 시스템에 중독되고 말았다.

이와 같은 맥락에서 볼 때, 우리가 가진 출애굽 내러티브는 상품을 내세우는 잡신들이 힘이 없고 권위가 없음을 보여준다. 그런 잡신은 우리가 두려워하지도 말고 섬기지도 말아야 하며 신뢰하지도 말아야 할 엉터리들이다.

입이 있어도 말하지 못하며
눈이 있어도 보지 못하며
귀가 있어도 듣지 못하며
코가 있어도 냄새 맡지 못하며
손이 있어도 만지지 못하며

발이 있어도 걷지 못하며

목구멍이 있어도 작은 소리조차 내지 못하느니라시 115:5-7.

그뿐만이 아니다.

우상들을 만드는 자들과

그것을 의지하는 자들이 다 그와 같으리로다시 115:8.

이런 잡신은 불안을 옹호하고 쉼이 없음을 지지하는 존재들이다. 쉼
이 없음을 지지하는 잡신을 신봉하는 이들은 약육강식 사회가 정상
이라고 여긴다.

그런데 이런 잡신의 음성과 다른 뜻밖의 목소리가 파라오 시스템
바깥에서 우리 가운데로 뚫고 들어온다. "내 백성을 가게 하라!"출 5:1
새삼 놀랄 것도 없지만, 파라오는 위엄에 찬 야훼의 음성을 인정하
지 않는다. 파라오의 시스템은 눌린 자들을 해방시켜 주는 이런 위
풍당당한 음성을 방해하며 인정하지 않는다출 5:2. 그러나 야훼는 굳
게 요구하신다. "내 백성을, 쉼도 없이 결국 폭력으로 빠져 버리는
이 시스템 밖으로 내어보내라. 그들을 이 끝없는 생산 시스템에서
떠나 언약의 신실함이 존재하는 세상으로 들여보내라." 고대 세계

의 정황에서 이야기해 보면, 야훼의 백성들은 이집트의 시스템을 떠나 자유를 춤추고 구가해야 한다.

우리 시대에서도 파라오의 시스템과 같은 곳에서 떠나야 하지만, 이 떠남은 지리적 떠남이 아니다. 도리어 이 떠남은 정서와 제의와 경제면에서 떠나는 것이다. 이 떠남은 그저 생각이 아니라 실제 행동이다. 따라서 네 번째 계명이 말하는 안식일 지킴은 파라오의 시스템을 뒤집어엎으시고 출애굽을 가능케 하신 첫 번째 계명의 하나님을 신뢰하는 행동이요, 두 번째, 세 번째 계명이 말하는 하나님, 곧 쉼의 하나님께 복종하는 행동이다. 안식일은 실제로 그런 시스템을 벗어 버림으로써 생산과 소비가 아니라 사랑이 오고 가는 이웃 사이의 사귐이 우리 삶을 규정하게 하는 것이다. 바로 이런 타당한 이유 때문에 신학을 진지하게 생각하는 유대인들은 오랜 세월 동안 안식일을 삶을 규율하는 원리로 여겨 왔다. 바로 이런 타당한 이유 때문에 계몽주의를 바탕으로 삼아 자율성을 주장하는 그리스도인들이 안식일 계명을 시내산에서 받은 모든 계명 가운데 가장 시급하고도 가장 어려운 계명으로 여길 수 있다. 진보적인 사람이든 보수적인 사람이든, 우리는 파라오 시스템에 아주 익숙해져 있다. 그러한 이유 때문에 쉼이 없음을 떠나 쉼으로 들어가는 것이 절박하면서도 어렵다. 우리 모든 모터가 벽돌을 찍어 내는 속도로 움직이게

끔 설정되어 있기 때문이다. 늘 불안에 떨며 더 많은 벽돌을 찍어 내려고 애쓰는 이런 삶을 잠시라도 멈추면, 우리가 지는 "짐은 가벼워지고" 우리에게 지워진 "멍에는 쉬워진다." 옛적에도 그랬지만 지금도 얼마든지 다른 삶을 즐기며 구가할 수 있다.

주

1. Patrick D. Miller, *The Ten Commandments*, Interpretation(Louisville, KY: Westminster John Knox Press, 2009), 117.

| 2장 | **불안에 저항하다**

네 부모를 공경하라. 그리하면 네 하나님 여호와가

네게 준 땅에서 네 생명이 길리라. 살인하지 말라.

간음하지 말라. 도둑질하지 말라. 네 이웃에 대하여

거짓 증거하지 말라. 네 이웃의 집을 탐내지 말라.

네 이웃의 아내나 그의 남종이나 그의 여종이나 그

의 소나 그의 나귀나 무릇 네 이웃의 소유를 탐내지

말라. **출애굽기 20:12-17**

안식일을 지키는 것은 유대인들 사이에서 두드러지게 볼 수 있는 생활art 양식이다. 하지만 언약의 하나님이 제시하시는 핵심 요구에 반응해 온 그리스도인들을 오랫동안 사로잡아 온 것은 관습이요 규율이다. 불행히도 우리 사회에서는 안식일이 자유를 안겨 주려는 본래 의도에 어긋나는 율법주의와 도덕주의, 청교도 법과 삶의 현실을 부인하는 관습이라는 함정에 빠지고 말았는데, 이는 주로 청교도 전통을 잘못 이해했기 때문이었다. 더군다나 이런 왜곡은 일요일 영화 관람과 카드놀이 같은 '일요일 활동', 그리고 지금 내가 살고 있는 주의 경우처럼, 일요일 주류 판매 같은 문제를 둘러싸고 끝도 없는 지루한 싸움으로 이어졌다.

물론 미국 사회에서 떠도는 모든 민간전승은 안식일 준수를 일종의 예술 양식으로 잘못 제시하는 가련한 지경에까지 이르렀다. 하지만 유대인들과 그에 영향을 받은 그리스도인들이 안식일을 신앙 속으로 진지하게 받아들이면서, 안식일 준수는 더 큰 공공 정체성 속에서 자신들만의 독특한 정체성을 천명하고, 그 자체가 반인간적인 관습을 요구하고 반인간적인 잡신에게 예배할 것을 요구하는 '주류'의 정체성을 거부하는 반대 정체성 counter-identity을 유지하면서, 이런 반대 정체성을 행동으로 옮기는 방식이 되었다. 안식일을 이렇게 이해할 경우, 안식일 준수는 주류 질서에 맞서는 대안을 몸으로 **증언**하는 행동이요, 주류가 주장하는 가치들 뒤편에 만연한 여러 가치와 가설들에 맞선 **저항**이다. 이번 장에서 제시하는 설명에서는 안식일 준수가 증언이요 저항이며, 유대인과 그리스도인이 (다른 형태로) 공유하는 신앙 행위임을 살펴보겠다.

ǀ

우리의 출발점은 시내산에서 받은 안식일 셰명을 기록한 출애굽기 20:8-11이다. 이스라엘은 파라오가 그들을 학대하던 이집트라는 환경을 기적같이 벗어난 직후 시내산에 도착했다. 이스라엘은 시내산에서 야훼가 무슨 일을 행하실지 혹은 그들을 이집트에서 건져 주신 해방자 하나님을 만나는 것이 어떤 모습일지 알지도 못한 채, '체제 변화'를 법으로 규율하며 받아들이고자 그 산으로 나아갔다. 이는 곧 언약의 하나님이 다스리심을, 그들의 기억 속에 아직도 생생히 남아 있던 파라오의 다스림을 대신할 대안으로 받아들이는 것이었다. 사실 체제 변화 자체는 이미 출애굽이라는 경이로운 사건을 통하여 장엄하게 이루어졌다. 야훼는 이 경이로운 사건을 통해 권능을 펼쳐 보이시고, 파라오가 약하고 실패한 통치자임을 폭로하셨다. 이집트를 떠난 일은 이스라엘에게서 위대한 축하 찬송이 터져 나오게 만들었으며, 이 찬송은 오늘도 헨델이 지은 「메시아」 안에서 계속 울려 퍼지고 있다.

여호와께서 영원무궁 하도록 다스리시도다출 15:18.

이스라엘은 새로운 통치를 받아들였다. 그러나 이어 이스라엘은 이 세상에서 새로운 통치자의 뜻과 목적을 규정하는 새 통치 법규를 받아들이고 인정해야 했다. 그것이 시내산에서 일어난 일이다. 이스라엘은 파라오의 명령과 철저히 상반되는 야훼의 새 계명을 받아들이고 그 계명에 충성할 것을 서약했다.

〔모세가〕 언약서를 가져다가 백성에게 낭독하여 듣게 하니 그들이 이

르되 여호와의 모든 말씀을 우리가 준행하리이다 출 24:7.

시내산에서 야훼는 다른 명령도 내리셨지만, 이스라엘이 주로 지키겠다고 맹세한 대상은 십계명이다 출 20:1-17. 이 새로운 '정책들'이 낭독되었을 때, 이스라엘은 오직 "하나님을 사랑하고" 출 20:3-7, 존중이라는 방식으로 "이웃을 사랑하라"는 명령을 받았다 출 20:12-17.

||

야훼가 이스라엘에게 십계명을 일러 주시는 말씀은 놀랍게도 파라오와 이집트를 언급하며 시작한다. 이스라엘이 얼마 전 이집트를 떠나온 일은 그들의 기억 속에 여전히 생생하게 남아 있었다. 이 떠남이 야훼의 새로운 통치가 들어설 정황, 그 통치가 시작되어야 할 절박한 필요성을 제공한다.

나는 너를 애굽 땅, 종 되었던 집에서 인도하여 낸 네 하나님 여호와니라 출 20:2.

시내산에 모인 모든 당사자(야훼, 모세, 이스라엘)는 파라오의 세계에서 벌어진 일이 어떤 것이었는지 분명히 기억할 수 있었다.

1. 당사자 모두는 파라오가 신으로 여김을 받았고 그 스스로 자신을 신이라 여겼음을 기억할 수 있었다. 사람들은 그를 절대권위로서 역사의 변덕스러운 장난에도 아무 책임을 지지 않는 자요, 만족을 모르는 욕구를 지닌 힘으로 생각했다.

2. 그들은 이집트의 사회경제적 힘이 피라미드처럼 조직되어 있었고 노동력이 그 부를 만들어 내는 것이었음을 기억할 수 있었다. 노동자들이 만들어 낸 부는 모두 위에 있는 권력 엘리트들에게 흘러갔고, 결국에는 그 피라미드의 정점에 앉아 있던 파라오에게 흘러들어 갔다.

3. 그들은 절대권위인 파라오가 권력의 정점에 있었어도 끝없이 불안해하는 존재였음을 기억할 수 있었다. 이런 끝없는 불안은 사회 환경 전반에 끝도 종착점도 없는, 쉼 없는 불안이 만연하게 만든 원인이 되었다.

4. 그들은 파라오가 나일강을 통제했음에도 불안에서 유래한 갖가

지 악몽에 시달렸음을 기억할 수 있었다. 파라오가 기근이 드는 꿈을 꾸고 그가 다스리는 세계가 충분한 양식을 생산해 내지 못할 상황을 상상했던 것이 그 예다.^{창 41:15-32}

5. 그들은 파라오의 부와 권력을 위협하는 기근이 닥치리라는 악몽이 결국은 탐욕스러운 국가독점 정책으로 이어졌음을 기억할 수 있었다. 이런 독점 정책은 파라오가 돈과 소와 땅, 그리고 끝내는 힘없는 농사꾼들의 몸까지 착취하게 만드는 원인이 되었다.^{창 47:13-26}

6. 그들은 이런 학대 정책이 결국은 농부들을 국가의 노예로 전락시켰음을 기억할 수 있었다. 노예가 된 농부들은 국가가 독점하게 된 엄청난 식량을 저장할 곡물 창고를 짓느라 잠시도 쉴 틈이 없었다.^{출 1-11장}

7. 그들은 식량 생산이 줄어들까 염려하는 불안에서 유래한 파라오의 광적인 정책들이 결국은, 끝도 없고 만족도 모르는 제국의 수요를 충족시키고자 노예들에게 가혹한 빈곤을 강요하고 끝없는 노동과 생산을 요구하는 쪽으로 이어지곤 했음을 기억할 수 있었다.

8. 그들은 시내산의 하나님이 하나님 자신을 "너를 이집트 땅, 곧 네

가 종으로 지냈던 집에서 이끌어 낸" 분으로 선언하셨을 때 그 모든 일을 기억할 수 있었다.

III

시내산에 모인 이스라엘 백성은 파라오를 기억했다. 그러나 파라오 는 시내산에 있지 않았다. 그는 아무 도움도 받지 못한 채 속수무책 으로 저 깊은 바다 밑바닥에 가라앉고 말았다출 15:4-10. 시내산에서 사람들은 파라오를 기억했지만, 이제는 야훼가 만사를 좌지우지하 는 권능으로서 앞에 등장하시고 중심에 자리하셨다. 이제 그는 새로 운 약속들과 새로운 사회가 지닌 가능성들로 이스라엘을 사로잡으 셨다. 이스라엘은 소망이 없는 파라오의 명령과 요구 사항을 야훼의 그것으로 아주 열심히 바꾸었다. 그들은 심지어 야훼께 새 명령을 듣기 전부터 이 새로운 체제를 따르겠노라고 기꺼이 맹세했다.

> 백성이 일제히 응답하여 이르되 여호와께서 명령하신 대로 우리가 다 행하리이다. 모세가 백성의 말을 여호와께 전하매출 19:8.

이스라엘은 야훼가 그들에게 무엇을 요구하실지 몰랐지만, 그래도 파라오가 요구하는 것들보다는 더 나으리라고 확신했다.

그런 다음 하나님은 불과 연기 가운데서 열 번을 말씀하셨다. 먼저 하나님은 자신을 높이시며 **유일성**(배타성)을 요구하는 주장을 담아 세 번 말씀하셨다.

나는 너를 애굽 땅, 종 되었던 집에서 인도하여 낸 네 하나님 여호와니라. 너는 나 외에는 다른 신들을 네게 두지 말라.

너를 위하여 새긴 우상을 만들지 말고 또 위로 하늘에 있는 것이나 아래로 땅에 있는 것이나 땅 아래 물 속에 있는 것의 어떤 형상도 만들지 말며 그것들에게 절하지 말며 그것들을 섬기지 말라. 나 네 하나님 여호와는 질투하는 하나님인즉 나를 미워하는 자의 죄를 갚되 아버지로부터 아들에게로 삼사 대까지 이르게 하거니와 나를 사랑하고 내 계명을 지키는 자에게는 천 대까지 은혜를 베푸느니라.

너는 네 하나님 여호와의 이름을 망령되게 부르지 말라. 여호와는 그의 이름을 망령되게 부르는 자를 죄 없다 하지 아니하리라출 20:2-7.

이렇게 하나님 자신의 유일성을 내세우는 주장은 얼핏 들으면 파라오가 자신의 유일성을 내세운 주장과 같은 것처럼 들렸다. 파라오도 절대권위를 주장하며 어떤 경쟁자도 용납하지 않았기 때문이다. 그러나 야훼의 유일성은 다음과 같은 이유 때문에 파라오의 그것과 달랐다. 즉, 하나님은 **이웃**을 여섯 번이나 말씀하셨다.

> 네 부모를 공경하라. 그리하면 네 하나님 여호와가 네게 준 땅에서 네 생명이 길리라.
> 살인하지 말라.
> 간음하지 말라.
> 도둑질하지 말라.
> 네 이웃에 대하여 거짓 증거하지 말라.
> 네 이웃의 집을 탐내지 말라. 네 이웃의 아내나 그의 남종이나 그의 여종이나 그의 소나 그의 나귀나 무릇 네 이웃의 소유를 탐내지 말라
> 출 20:12-17

간결하게 요약된 이 명령은 파라오가 내린 모든 명령과 완전히 달랐다. 야훼가 내리신 명령에는 사회에서 상관관계를 맺고 있는 존재 가운데 이웃이 들어 있고, 이웃끼리 사랑을 나누는 공동체 유지를 대담하게 염두에 두고 있기 때문이다. 그러나 이집트에서는 그렇지 않았다. 이집트 시스템에는 이웃이 없고, 다만 위협과 경쟁자만이 있었다. 모세는 이어 이 명령들을 해석하면서, 이웃 중에서도 가

장 약한 자들이기 때문에 언약의 하나님이 마음을 기울여 생각하시고 보호하시는 이들을 더 이야기했다.

너는 이방 나그네를 압제하지 말며 그들을 학대하지 말라. 너희도 애굽 땅에서 나그네였음이라. 너는 과부나 고아를 해롭게 하지 말라. 네가 만일 그들을 해롭게 하므로 그들이 내게 부르짖으면 내가 반드시 그 부르짖음을 들으리라. 나의 노가 맹렬하므로 내가 칼로 너희를 죽이리니 너희의 아내는 과부가 되고 너희 자녀는 고아가 되리라^{출 22:21-24}.

네가 만일 너와 함께한 내 백성 중에서 가난한 자에게 돈을 꾸어 주면 너는 그에게 채권자 같이 하지 말며 이자를 받지 말 것이며 네가 만일 이웃의 옷을 전당 잡거든 해가 지기 전에 그에게 돌려보내라. 그것이 유일한 옷이라. 그것이 그의 알몸을 가릴 옷인즉 그가 무엇을 입고 자겠느냐. 그가 내게 부르짖으면 내가 들으리니 나는 자비로운 자임이니라^{출 22:25-27}.

너는 이방 나그네를 압제하지 말라. 너희가 애굽 땅에서 나그네 되었었은즉 나그네의 사정을 아느니라^{출 23:9}.

이집트 시스템의 지평 속에는 이 약한 사람들이 있을 자리가 없었지만, 시내산을 지배하는 심상心象에서는 이런 이들이 중심을 차지하고 있다.

그러나 이러한 점은 이집트를 갓 빠져나온 이들에게 깊은 의문을 안겨 주었다. 이집트 시스템이 만들어 준 깊은 불안에 젖어 있던 사람이 어떻게 그 이웃을 진지하게 생각할 수 있다는 말인가? 노예인 사람은 그가 만들어 내야 할 벽돌 수량을 채우지 못할까 봐 불안해한다. 파라오라는 자도 식량 독점을 유지할 궁리를 하느라 불안해한다. 사실 파라오와 노예는 공동 사업에 참여하고 있었지만, 이 사업은 애초에 이웃 관계 형성이 불가능한 것이었다. 그 문제와 관련하여 야훼는 한 번 더 불이 이글거리는 산에서 말씀하시면서, 이 말씀을 야훼의 유일성을 주장하시는 말씀과 이웃을 만들라는 말씀 사이에 정확히 놓아두셨다.

안식일을 기억하여 거룩하게 지키라. 엿새 동안은 힘써 네 모든 일을 행할 것이나 일곱째 날은 네 하나님 여호와의 안식일인즉 너나 네 아들이나 네 딸이나 네 남종이나 네 여종이나 네 가축이나 네 문안에 머무는 객이라도 아무 일도 하지 말라. 이는 엿새 동안에 나 여호와가 하늘과 땅과 바다와 그 가운데 모든 것을 만들고 일곱째 날에 쉬었음이

65

라. 그러므로 나 여호와가 안식일을 복되게 하여 그날을 거룩하게 하였느니라출 20:8-11.

산상방송 시간 대부분을 안식일 명령에 사용한 것이 매우 이상하다. 하나님이 하신 말씀은 이를 듣는 이스라엘 백성에게 틀림없이 충격이었을 것이다. 이집트에는 안식일도 없었고 일을 그침도 없었다. 피라미드 꼭대기에 머물고자 밤낮으로 일하는 파라오가 일을 쉬는 법도 없었고, 노예들이 일을 쉬는 법도 없었다. 그들은 쉬어야 할 시간에도 짚을 모아야 했기 때문이다. 이집트 시스템에서는 어느 누구도 일을 멈추지 못했다. 미친 듯이 생산성만 외치는 풍토가 모든 시스템을 몰아붙였기 때문이다.

이제 야훼는 그 불안한 생산 시스템을 송두리째 무효로 만들어 버리신다. 노예들이 만들어야 하는 벽돌 수량과 일하는 시간에 제한을 두신다! 파라오가 저장하고 소비하며 관리할 수 있는 식량의 양에도 제한을 두신다. 이런 끝없는 생산 사이클을 깨뜨리고 한 주간 내내 이어진 노동을 그침이 이와 같은 제한을 만들어 낸다. 이 제한에 참여하는 이들은 불안이 지배하는 사이클을 깨뜨린다. 그들은 결국 다른 모든 이들을 위협자요 경쟁자로 만들어 버리는 미친 듯한 생산과 소비가 삶의 본질이 아님을 깨달으라는 요구를 받는다. 일을 그치면 불안도 줄어들지만, 또한 남는 에너지를 이웃에게 다시 쏟게 된다. 시내산의 하나님이 하시는 기이한 요구는 **이웃에게 쏟는 사랑**으로 불안만을 야기하는 생산성 중심 풍조에 맞서라는 것이다. 이웃에게 사랑을 쏟으면 많은 생산이 이루어지지는 않는다. 그러나 그러한 사랑은 안전과 존중과 명예가 있는 환경을 만들어 내며, 이런 환경은 인간이 할 일을 다시 규정해 준다.

IV

어쩌면 어떤 이는 일을 그쳐야 할 이유가 무엇이냐고 물었을지도 모른다. 일을 그침은 극심한 경제 전쟁을 상징하는 핵심 사업과 모순되기 때문이다. 야훼는 시내산에서 그런 질문을 예상하셨는지 이렇게 대답하신다.

> 이는 엿새 동안에 나 여호와가 하늘과 땅과 바다와 그 가운데 모든 것을 만들고 일곱째 날에 쉬었음이라. 그러므로 나 여호와가 안식일을 복되게 하여 그날을 거룩하게 하였느니라 출 20:11.

하나님이 쉬셨다! 하나님이 일을 그침을 즐기셨다! 이 구절은 창세기 1:1-2:3이 이야기하는 창조 전례를 직접 언급한다. 그 유명한 창조 전례가 펼쳐지는 광경을 보면, 세계는 "형체도 없고 텅 빈" 혼돈에서 시작한다. 이 내러티브 기사는 혼돈을 길들이고 그 혼돈에 질서를 부여하면서 생명체가 세상 속에서 살 수 있도록 만들어 가시는 하나님의 창조 활동이 꾸준하게, 일정한 속도로 이어지는 모습을 돌아본다. 이 구절은 하나님이 어떻게 세계에 명하여 열매를 맺고 자손을 생산하게 하셨는지, 또 하나님이 본디 피조물의 질서를 정립하실 때 이 피조물에게 복된 능력을 어떻게 펼쳐 보이셨는지 상세하게 이야기한다. 그리고 회중은 이렇게 펼쳐지는 내용에 거듭하여 "좋다"라는 말로 대답한다. 질서가 혼돈을 물리친 것은 좋은 일이다. 세계가 열매를 맺으라는 명령을 받은 것은 좋은 일이다. 피조물이 생명을 주시는 창조주의 능력을 갖게 된 것은 **아주 좋은** 일이다. 정말 아주 좋은 일이다!

이어 엄숙한 제의와 같은 낭독이 정점에 이르자, 하나님이 쉬셨다는 말씀이 울려 퍼진다. 하나님은 일곱째 날에 쉬셨다. 하나님은 무언가를 더 행하시는 모습을 보여주지 않으셨다. 하나님은 당신 자리를 비우시고 나타나지 않으셨다. 하나님은 오셔서 당신이 지으신 피조물이 모두 제대로 작동하는지 불안한 심정으로 확인하지 않으셨다. 하나님은 당신이 지으셨던 대로 피조물이 열매를 맺고 복된 자손을 낳는 과정을 펼쳐 가리라는 것을 완전히 확신하셨다. 하나님은 피조물이 생명을 탄생케 할 능력을 발휘하지 못할까 봐 불안해하는 모습을 전혀 보이지 않으셨다. 하나님은 세계가 굳건히 서고, 식물이 제 역할을 하며, 새와 물고기와 뭍의 동물이 번성할 것을 아신다. 인류는 자손을 낳아 생명을 이어 가며 땅을 지배할 것이다. 모든 것이 잘되고 만사가 다 잘 돌아갈 것이다!

이스라엘은 그들이 부른 많은 노래 속에서 이 땅이 양식을 생산하고 생명을 보장하는 능력을 가졌음을 완전히 확신한다고 고백한다.

이것들은 다 주께서
때를 따라 먹을 것을 주시기를 바라나이다.
주께서 주신즉 그들이 받으며
주께서 손을 펴신즉
그들이 좋은 것으로 만족하다가시 104:27-28.

모든 사람의 눈이 주를 앙망하오니
주는 때를 따라 그들에게 먹을 것을 주시며
손을 펴사
모든 생물의 소원을 만족하게 하시나이다시 145:15-16.

세계는 불안이 없으며 안녕을 누리는 곳이다. 창조주는 불안이 없으신 분이요, 만물을 점검하는 일 따위를 하지 않음으로써 당신은 불안이 없는 분이심을 온 천하에 드러내시기 때문이다. 하나님은 일 중독자가 아니시다. 하나님은 파라오 같은 이가 아니시다. 하나님은 생산 일정을 들이밀며 닦달하지 않으신다. 오히려 그 반대로 하나님은 확신을 가지고, 고요히, 평화롭게 쉬신다. 더욱이 하나님은 피조물에게도 만물을 몰아치며 채근하는 파라오 시스템과 정반대인 쉼을 베풀어 주신다.

V

모세는 시내산에서 파라오 이후의 새 언약 공동체에게 이렇게 말한다.

안식일을 기억하여 거룩하게 지키라. 엿새 동안은 힘써 네 모든 일을 행할 것이나 일곱째 날은 네 하나님 여호와의 안식일인즉 너나 네 아들이나 네 딸이나 네 남종이나 네 여종이나 네 가축이나 네 문안에 머무는 객이라도 아무 일도 하지 말라. 이는 엿새 동안에 나 여호와가 하늘과 땅과 바다와 그 가운데 모든 것을 만들고 일곱째 날에 쉬었음이라. 그러므로 나 여호와가 안식일을 복되게 하여 그날을 거룩하게 하였느니라출 20:8-11.

창조주 하나님이 쉬셨듯이 쉬어라! 네가 쉴 때는 네 주위 이웃들도 틀림없이 쉬게 하라. 정녕 **불안**만을 야기하는 파라오의 시스템과 정반대인 **쉼**의 시스템을 북돋우라. 이는 너희가 더 이상 불안만 야기하는 파라오 시스템의 종이 아니기 때문이다. 언약의 영역에 속한 모든 이들—모든 아들딸, 모든 노예, 모든 소, 모든 이민자, 언약을 빌미 삼아 생명을 제물로 바치게 하며 죽음만을 가져다준 파라오의 시스템을 떠난 모든 이들—에게 신학적 뿌리와 정치적 생명력과 경제적 의미를 지닌 쉼을 만들어 주어라. 죽음의 시스템에 의지하여 살아가는 이들은 다음과 같을 수밖에 없다.

- 생산에 도움이 되지 않는 부모나 동포를 천대할 수밖에 없다.
- 다른 이들이 위협이 되기 때문에 사람을 죽이는 폭력에 가담할 수밖에 없다.
- 서로 사랑을 주고받는 성관계를 상대를 학대하는 상품으로 전락시킬 수밖에 없다.
- 자신이 원하는 것을 다른 사람이 갖고 있으면 그것을 강탈할 수밖에 없다.

- 이익을 얻으려고 왜곡과 말 돌려하기에 빠질 수밖에 없다.
- 탐욕에 헌신할 수밖에 없다.

모세는 모든 계명을 낭독했다. "너희가 안식일을 지키면 그럴 필요가 없다."

- 아버지와 어머니를 천대하지 않아도 되고
- 다른 사람을 죽이지 않아도 되고
- 간음을 하지 않아도 되고
- 도둑질을 하지 않아도 되고
- 거짓 증거를 하지 않아도 되고
- 이웃의 것을 탐내지 않아도 된다.

너희는 그럴 필요가 없다! 너희가 안식일을 지키면 학대를 일삼는 시스템을 떠날 수 있기 때문이다.

모세는 시내산에서 이렇게 말한다. "생산과 소비에만 몰두하는 너희가 바로 불안만을 야기하는 파라오의 판박이가 아닌지 상상해 보라. 너희는 성공하기 위해 일할 필요가 없었던 창조주 하나님의 형상을 가진 이들이다. 그러니 너희도 성공하려고 일에 매달릴 필요가 없다!" 하나님은 시내산에 있는 이들을, 이웃이 함께 어울려 모두 자유를 누리는 새 삶으로 초대하신다. 이 삶에서는 안식일이 신실한 자유의 모퉁잇돌이다. 일을 그치고 쉬는 이런 신실한 행위는 일종의 저항 행위다. 이 행위는 우리가 우리 사회 환경에 널리 퍼져 있는, 불안의 시스템에 참여하지 않겠다는 뜻을 몸과 단련된 방법들을 사용하여 선언하는 것이다. 우리는, 우리의 경제 영역이나 우리의 인간관계나 우리 삶의 어떤 영역에서나, 바쁨과 탐욕 그리고 더 많은 것을 추구함이 우리 자신을 규정하는 것을 거부한다. 우리 삶의 본질은 상품이 아니기 때문이다.

예수가 당신 제자들에게 불안의 시스템에서 빠져나오라고 권면하신 것은 결코 놀랄 일이 아니다.

그러므로 내가 너희에게 이르노니 목숨을 위하여 무엇을 먹을까 무엇을 마실까, 몸을 위하여 무엇을 입을까 염려하지 말라. 목숨이 음식보다 중하지 아니하며 몸이 의복보다 중하지 아니하냐. 공중의 새를 보라. 심지도 않고 거두지도 않고 창고에 모아들이지도 아니하되 너희 하늘 아버지께서 기르시나니 너희는 이것들보다 귀하지 아니하냐. 너희 중에 누가 염려함으로 그 키를 한 자라도 더할 수 있겠느냐. 또 너희가 어찌 의복을 위하여 염려하느냐. 들의 백합화가 어떻게 자라는 가 생각하여 보라. 수고도 아니하고 길쌈도 아니하느니라. 그러나 내가 너희에게 말하노니 솔로몬의 모든 영광으로도 입은 것이 이 꽃 하나만 같지 못하였느니라. 오늘 있다가 내일 아궁이에 던져지는 들풀도 하나님이 이렇게 입히시거든 하물며 너희일까보냐. 믿음이 작은 자들아. 그러므로 염려하여 이르기를 무엇을 먹을까 무엇을 마실까 무엇을 입을까 하지 말라마 6:25-31.

새와 백합은 피조물(창조 세계)이 일한다는 것을 증언한다! 그것을 믿고 의롭게 살라. 그러면 너희 "하늘의 아버지"(창조주)께서 너희가 안녕을 누리게 살펴 주실 것이다. 불안을 벗어 버리라는 예수의 이 설교 뒤편에는 모세가 전한 좋은 소식이 자리해 있다.

너는 엿새 동안에 네 일을 하고 일곱째 날에는 쉬라. 네 소와 나귀가 쉴 것이며 네 여종의 자식과 나그네가 숨을 돌리리라. 내가 네게 이른 모든 일을 삼가 지키고 다른 신들의 이름은 부르지도 말며 네 입에서 들리게도 하지 말지니라출 23:12-13.

"다른 신들"은 불안을 만들어 내는 것이요 그 계기가 된다. 그러나 우리는 연단과 결단과 세례와 성찬과 열정으로 이런 유혹에 맞선다.

우리는 이를 통해 우리를 당신의 형상으로 지으신 창조주와 함께한다. 하나님은 엿새째 되는 날이 끝날 때에 창조에 필요한 모든 일을 다 마치셨다. 우리도 그리해야 한다!

| 3장 | **강요에 저항하다**

네 하나님 여호와가 네게 명령한 대로 안식일을 지켜 거룩하게 하라. 엿새 동안은 힘써 네 모든 일을 행할 것이나 일곱째 날은 네 하나님 여호와의 안식일인즉 너나 네 아들이나 네 딸이나 네 남종이나 네 여종이나 네 소나 네 나귀나 네 모든 가축이나 네 문 안에 유하는 객이라도 아무 일도 하지 못하게 하고 네 남종이나 네 여종에게 너 같이 안식하게 할지니라. 신명기 5:12-14

이스라엘은 시내산에서 그 정체성을 규정하는 중대한 선택을 했다. 이스라엘은 천지를 지으신 하나님을 믿고^{출 20:11}, 피조물에게 주어진 여러 가지 신뢰할 수 있는 것들을 의지하며, 창조주의 확실하심과 피조물의 선함에 대한 신뢰를 잃어버림에서 생겨나는 불안을 거부하기로 결단했다.

|

하지만 이스라엘이 자신의 정체성을 규정하는 선택을 유지하기는 쉽지 않았다. 그들은 출애굽기 24장에서 야훼께 충성하겠다고 맹세한다. 그러나 출애굽기 32장에 가면, 그들은 모세가 40일 밤낮으로 그들을 떠나고^{출 24:18} 언약의 하나님은 멀리 계신 것처럼 보이자 불

안으로 되돌아가고 말았다. 불안에 맞서 그들을 지켜 주시는 분이었던 하나님은 계시지 않은 것 같았다.

그리하여 그들은 심각한 불안에 빠진 행동을 하고 만다. 이스라엘 백성은 그들이 가진 금(금이 아니면 달리 뭐라도), 그들의 귀중한 귀고리, 그들이 가장 소중히 여기고 탐내는 물건을 모아 그것으로 그들 자신의 신을 만들었다. 그들은 자신들이 제대로 공경하는 물건만 가지면 창조주가 계시지 않는 것처럼 보이는 세상에서 "안전을 살" 수 있으리라고 생각했다. 불안이 가득할 때 "신을 만드는 것"은 보통의 인간이 겪는 과정이다!

그러나 이렇게 창조주를 **대신**할 신을 만드는 일은 천지를 지으신 창조주를 크게 진노케 했다. 모세는 시내산에서 받은 언약 돌판을 깨버리고 언약도 깨버렸다. 불안에 빠진 이스라엘이 저지른 행위의 결과였다. 이스라엘은 즉시 소망을 잃어버렸고, 모세도 소망을 잃어버렸다. 모세는 출애굽기 32-34장에 걸쳐 야훼와 협상하면서, 기도하고 자세를 가다듬는다. 언약을 무효로 만들어 버리셨던 하나님은 끈질기게 졸라 대는 모세의 요구를 들어주셔서, 용서라는 엄청난 행위를 약속하셨다. 이스라엘은 불안에 떨다 불순종하고 말았지만, 야훼는 그 일을 덮고 다시 시작할 준비를 하셨다.

보라, 내가 언약을 세우나니 곧 내가 아직 온 땅 아무 국민에게도 행하지 아니한 이적을 너희 전체 백성 앞에 행할 것이라. 네가 머무는 나라 백성이 다 여호와의 행하심을 보리니 내가 너를 위하여 행할 일이 두려운 것임이니라 출 34:10.

야훼는 불안에 빠진 이 백성과 새 언약을 맺으신 뒤, 여기에서는 출애굽기 20장에서 제시하신 십계명을 되풀이하지 않으시고 그 대신 새로운 명령을 처방으로 제시하신다 출 34:11-26. 새로운 명령은 '큰 계명 열 가지'와 단지 조금만 겹칠 뿐이다. 그러나 그렇게 겹치는 것들 가운데, 하나님이 되풀이하시는 이것을 주목하기 바란다.

너는 엿새 동안 일하고 일곱째 날에는 쉴지니 밭 갈 때에나 거둘 때에도 쉴지며 출 34:21.

여기에서는 창조주 하나님을 전혀 언급하지 않는다. 이 명령에는 격려나 동기를 부여하는 말이 함께 주어지지 않는다. 그러나 역시 주목할 것이 있다. 그것은 바로 여기서 명령하는 안식일이 특별히 "밭을 갈 때"와 "거둘 때"와 관련이 있다는 것이다. 즉, 안식일은 인간이 땅으로 하여금 그 산물을 내게 하려고 이 땅을 "지배하는" 일을 할 때와 관련이 있다^{창 1:28}. 안식일은 무언가를 생산해 내고 양식을 만들어 내며 인간이 참여할 수밖에 없는 창조 시스템이라는 맥락 속에 자리해 있다. 사람들은 참여해야 하지만, 씨를 뿌리고 곡식을 거두는 바쁜 농사철에도 땅을 쉬게 해줄 정도로 땅을(창조를) 신뢰해야 한다. 인간의 삶은 창조의 리듬에 맞춰야 한다. 사람은 그 리듬에 맞출 때에 쉴 수 있고 불안에서 자유로울 수 있다.

II

그런 다음, 깨어진 언약이 회복되고 안식일이 계속하여 핵심 계명으로 자리한 가운데, 이스라엘은 시내산을 떠났다. 마침내 그들은 긴 여정 끝에 요단강에 이르러 하나님이 약속하신 땅에 들어갈 준비를 한다. 그러나 그때는 시내산 이후 긴 시간이 흐른 뒤였다. 때문에 신명기를 보면 모세는 요단에서 멈춘 뒤, 이스라엘에게 새 땅에 들어가 지킬 것을 가르친다. 이 가르침은 30장에 걸쳐 이어진다. 모세는 아주 길게 이야기한다. 새 땅으로 들어가는 일은 매우 큰 위험이 따르는 모험이라고 보기 때문이다. 모세는 이전에 광야에서 맺은 언약이 이제 이스라엘이 들어가려는 농경 지대에서도, 곧 야훼를 적대시하는 다른 신들이 자기네 권리를 주장하는 그 땅에서도 여전히 유효한 언약임을 이스라엘 백성이 확실히 이해하기를 원한다. 모세는 가나안 땅이 아주 비옥하다 보니, 그 땅이 이스라엘에게는 거대한 유혹이요 엄청난 미혹이 되리라고 본다. 모세는 그 땅의 풍요가 틀림없이 언약 신앙에 위기를 만들어 내리라는 것을 안다.

1. 새 땅은 매우 비옥할 것이기에, 이스라엘은 자신들의 힘만으로 살아갈 수 있다고 생각할 것이다. 그들은 마땅히 야훼께 의지해야 하지만, 그러지 않고 제멋대로 하려는 유혹에 빠질 것이다. 그들이 제멋대로 살려는 유혹에 빠지는 이유는 그 새 땅이 그들에게 엄청난 번영을 누리게 해줄 것이기 때문이다. 모세는 번영이 **기억상실**을 낳을 것임을 안다. 그는 기억상실증에 걸리지 말라고 이스라엘에게 경고한다.

> 너는 조심하여 너를 애굽 땅 종 되었던 집에서 인도하여 내신 여호와를 잊지 말고 신 6:12.

> 네 마음이 교만하여 네 하나님 여호와를 잊어버릴까 염려하노라. 여호와는 너를 애굽 땅 종 되었던 집에서 이끌어 내시고 신 8:14.

이스라엘 사람들은 그들이 나왔던 곳이 어디이고, 그들이 떠나온 상황이 어떤 상황이었으며, 그들이 어떻게 떠나왔는지 잊어버릴지도 모른다. 그들은 자신들이 도저히 견딜 수 없는 강요가 판치는 시스템 속에서 살았다는 것을 잊어버릴지도 모른다. 그들은 그 시스템 속에서 더 많은 벽돌을 만들어 내야 하는, 불가능한 생산 일정에 자신을 맞추어야 했다. 모세는 이스라엘 백성이 그들을 해방시켜 주신 하나님께 귀를 기울이지 않으면, 결국은 강요가 판치는 또 다른 시스템으로 곧장 되돌아가리라고 예상한다. 그 땅은 비옥하기 때문에, 그 땅의 산물은 이스라엘을 안전하고 행복하게 만들어 줄 것이다. 만일 이스라엘이 그 생산을 늘릴 수 있다면, 이스라엘은 더 안전해지고 더 행복해질 것이다. 이스라엘은 하늘만큼 그 산물을 쌓게 될 것이다! 이스라엘은 삶의 목표가 얻고 또 얻고 또 얻는 것이라고 생각하게 될 것이다. 이스라엘 백성이 그렇게 얻으려면 이웃과 경쟁해야 한다. 그 시스템은 이웃을 경쟁자요 위협이며 도전자로 만들어 버릴 것이다. 모세는 이스라엘에게 "조심하라!"고, 그렇지 않으면 뛰어난 생산성을 지닌 그 땅이 이스라엘 백성을 생산자요 소비자로 바꾸어, 결국 언약에 따른 이웃 공동체 구조를 파괴해 버릴 것이라고 경고한다.

2. 모세는 그의 뒤를 이은 선지자들처럼, 이스라엘이 그 땅에서 살게 되면 땅을 보는 견해를 달리하는 두 경제 시스템 사이에서 갈등을 겪게 되리라고 이해한다. 우선, 이스라엘은 땅을 사고팔며 거래하고 활용할 재산이자 소유로 여긴다. 반면 언약이라는 맥락에서 볼 경우, 땅은 날 때부터 가진 권리요 유업이며, 하나님의 모든 백성이라는 더 큰 유업의 부분집합으로 어떤 이에게 속한 것이다. 땅이 소유라면, 더 많이 얻는 것이 올바른 삶의 방식이다. 땅이 유업이라면, 이웃을 늘리고 가족을 넓혀 모든 구성원들이 땅의 좋은 소산을 누리게 하는 것이 올바른 삶의 방식이다. 이런 시각들 가운데 어느 것이 시내산에 적절한 것이었는지는 물어보나 마나다. 그러나 이스라엘은 기억상실증에 걸려 그들이 따를 언약의 기준을 잊어버리고 더욱더 많이 얻으려고 이웃을 적으로 만드는 경제를 만들어 낼지도 몰랐다.

이 때문에 모세는 엄청난 해석의 묘수를 발휘하여 이렇게 강조한다.

우리 하나님 여호와께서 호렙산에서 우리와 언약을 세우셨나니 이 언약은 여호와께서 우리 조상들과 세우신 것이 아니요 오늘 여기 살아 있는 우리 곧 우리와 세우신 것이라 신 5:2-3.

모세는 한 세대 전 이스라엘에게 주어졌던 옛 시내산(호렙산) 언약을 기억한다. 그러나 모세는 잇달아 단어들을 펼쳐 가면서—오늘, 여기, 살아 있는, 우리 모든 이—그 언약을 새 세대를 위한, 바로 이 시대의 언약이라고 말한다. 이것이 신명기의 핵심 주장이요, 성경이 언약과 관련하여 제시하는 가르침의 중심이다. 경제는 너 죽고 나 살자 식의 경쟁이 아니다. 그런 경쟁에서는 사람들이 강요된 목표에 지쳐 늘 탈진 상태로 존재한다. 오히려 경제는 언약에 따른 사업으로서 공동체 전체를 위한 것이다. 심지어 농경을 하게 될 수 있는 새 환경에서도 옛적에 광야에서 맺은 언약이 이스라엘의 삶을 규정한다. 모세는 이스라엘이 그 이웃을 늑탈하는 문화를 거부하고 언약이 제시하는 대안을 따라가기를 기대한다.

III

모세는 이런 목적을 이루고자, "다른 신들을 두지 말라"부터 시작하여 "탐내지 말라"까지 큰 계명들을 상세히 또박또박 이야기한다 신 5:6-21. 이 계명들은 시내산에서 낭독한 출애굽기 20장의 계명과 동일하며, 약간만 달라졌을 뿐이다. 실제 내용은 시내산에서 울려 퍼진 계명과 동일하다.

네 하나님 여호와가 네게 명령한 대로 안식일을 지켜 거룩하게 하라.
엿새 동안은 힘써 네 모든 일을 행할 것이나 일곱째 날은 네 하나님 여
호와의 안식일인즉 너나 네 아들이나 네 딸이나 네 남종이나 네 여종
이나 네 소나 네 나귀나 네 모든 가축이나 네 문 안에 유하는 객이라도
아무 일도 하지 못하게 하고 네 남종이나 네 여종에게 너 같이 안식하
게 할지니라신 5:12-14.

하지만 계명의 바로 이 부분에 한 가지 주목할 만한 변화가 있다. 출
애굽기 20장처럼 여기에서도 모든 존재가 다 쉬어야 한다. "아들과
딸, 종, 소, 나귀, 가축, 이민자들"이 다 쉬어야 한다. 그러나 이곳에
서는 "그래야 그들이 **너 같이** 쉴 수 있으리라"는 말을 덧붙여 놓았
다. 모든 이가 똑같이 쉴 때, 안식일은 평등을 실현하는 위대한 날이
된다. 생산에서는 모든 이가 똑같지 않다. 어떤 이들은 다른 이들보
다 훨씬 더 효과 있게 일한다. 소비도 모든 이가 똑같지는 않다. 어
떤 이들은 다른 이들보다 소비재를 훨씬 더 많이 쓴다. 생산과 소비
가 정의하는 사회에서는 사람들이 수행하는 생산과 소비에 큰 차등
이 있으며, 따라서 가치와 중요도에도 큰 차등이 있다. 이런 사회 시
스템에서는 모든 이가 생산자와 소비자 역할을 더 잘 수행하라고—
더 많이 생산하고 더 많이 소비하라고—강요당한다. 좋은 손님이

되라고 강요당하는 셈이다! 이런 가치 평가(값 매기기)는 당연히 '가진 자'와 '가지지 못한 자', 중요한 자와 하찮은 자, 부자와 빈자, 무언가에 접근할 수 있는 자와 접근을 거부당하는 자를 만들어 낸다.

그러나 안식일은 강요가 만들어 내는 그런 차등을 깨부순다. 안식일에는 하지 않아도 된다.

- 더 일하지 않아도 된다.
- 더 팔지 않아도 된다.
- 더 통제하지 않아도 된다.
- 더 알지 않아도 된다.
- 아이들에게 발레나 축구를 시키지 않아도 된다.
- 더 젊어지거나 더 아름다워지지 않아도 된다.
- 더 점수를 올리지 않아도 된다.

이 한날이 강요가 지배하는 패턴을 부수기 때문에, 모든 이가 **너와 같으며** 평등하게 된다. 모든 이가 평등한 가치, 평등한 값, 평등한 접근권, 평등한 쉼을 누린다. 신명기에서 안식일 명령을 내리는 이유를 제시한 부분은 시내산에서 받은 안식일 명령의 그것과 중대한 차이가 있다. 우리가 기억하기에 시내산에서는 창조주가 일곱째 날에 쉬셨으므로 우리도 쉬어야 한다고 명령했었다. 그러나 여기에서는 다르다. 여기에서는 안식일을 명령하는 이유가 창조가 아니다. 신명기의 모세는 쉬라고 말할 때 이렇게 선포한다.

> 너는 기억하라. 네가 애굽 땅에서 종이 되었더니 네 하나님 여호와가 강한 손과 편 팔로 거기서 너를 인도하여 내었나니 그러므로 네 하나님 여호와가 네게 명령하여 안식일을 지키라 하느니라신 5:15.

출애굽을 기억하라! 강요로 얼룩진 파라오의 시스템이 무너졌음을 기억하라. 벽돌 생산 목표량이 무효이며 헛것이라고 선포되었음을 기억하라. 모세는 이스라엘 사람들에게 이렇게 경고했다. "너희가 이것을 잊어버린다면, 너희는 너희 삶을 강요가 판치는 경쟁에 넘겨 줄 것이다. 그러나 너희가 이것을 기억한다면, 너희를 강압하던 파라오와 파라오 같은 그의 모든 대리자들이 패배했음을 알게 될 것이다. 너희는 너희 어머니나 너희 일이나 너희 우두머리나 너희 중개자나 다른 어떤 이가 기대하는 것을 채우지 않아도 된다. 너희는 목표량에 매여 있지 않다. 너희가 이것을 기억한다면, 너희는 언약의 기억 속에 자리 잡게 될 것이다."

모세는 신명기에서 기억함을 매우 강조한다. 풍요로운 환경에

서는 잊어버림이 큰 유혹인 것을 알기 때문이다. 그는 시장 이데올
로기(카지노 같은)의 목표가, 우리로 하여금 우리 뿌리와 정체성을
잊게 하고 외부의 여러 기대와 요구가 우리 자신을 규정하게 만드는
것임을 안다. 그러하기에 모세는 이렇게 말한다.

- 네 하나님 야훼가 파라오와 온 이집트에 하신 일을 바로 기억하라신 7:18.
- 네 하나님 야훼를 기억할지니, 이는 네게 재물을 얻을 능력을 주신
  이가 바로 그분이시기 때문이다신 8:18.
- 누룩 없는 빵을 먹으라. 이는 네가 이집트 땅에서 아주 급히 나왔기
  때문이니, 이렇게 하면 네가 사는 날 내내 네가 이집트 땅을 떠나온
  날을 기억할 수 있으리라신 16:3.
- 네가 이집트에서 종이었음을 기억하고, 이 규례들을 열심히 지키라
  신 16:12.
- 네가 이집트에서 종이었을 때에 네 하나님 야훼가 너를 거기서 구해
  내셨음을 기억하라. 이러므로 나는 네게 이 일을 행하라고 명령하노
  라신 24:18.
- 네가 이집트 땅에서 종이었음을 기억하라. 이러므로 내가 네게 이
  일을 행하라고 명령하노라신 24:22.

강요가 판치는 패턴이 부서졌음을 기억하라. 여러분은 한밤중에 잠이 깨서 여러분이 해야 했던 일을 기억하고는 그 일을 요구대로 하지 못한 것 때문에 당황한 적이 있는가? 여러분은 벽돌을 세며 잠이 드는가? 여러분은 아직도 더 만들어야 할 벽돌이 있는 꿈을 꾸는가, 혹은 흠이 있는 벽돌을 만든 꿈을 꾸는가? 그런 꿈을 꾼다면 그것은 우리가 출애굽을 잊어버렸기 때문이다!

그렇다. 안식일은 쉼이다. 일정하게 정해 놓고 공적 차원에서 쉬는 쉼이다. 이 쉼은 우리로 하여금 기억하게 해준다. 안식일은 이집트와 파라오를 떠올려 주며, 이어 야훼와 출애굽을 기억하는 기회다. 안식일은 춤추고 노래하는 날이다. "드디어 자유다, 드디어 자유야!", "아무도 나를 되돌아가게 하지 못해!"라고 노래하는 날이다. 안식일을 기억하고 지키는 사람들은 자신이 마감일을 지켜야 한다는 압박과 강요와 광기에 덜 시달린다. 그러한 이들은 자유롭게 행하는 이들이라기보다 자유롭게 사는(존재하는) 이들이다. 파라오의 강압이 담긴 모든 요구가 사라지고 빵과 물과 우유와 포도주를 마음껏 자유로이 먹게 된 안식일이야말로 자유를 만끽하는 큰 축제이기 때문이다.

오호라, 너희 모든 목마른 자들아.

물로 나아오라.

돈 없는 자도 오라.

너희는 와서 사 먹되

돈 없이, 값 없이 와서

포도주와 젖을 사라사 55:1.

이 말을 한 뒤, 시인은 이렇게 거저 얻은 선물에 비추어 무시무시한
질문을 던진다.

너희가 어찌하여 양식이 아닌 것을 위하여 은을 달아 주며

배부르게 하지 못할 것을 위하여 수고하느냐.

내게 듣고 들을지어다. 그리하면 너희가 좋은 것을 먹을 것이며

너희 자신들이 기름진 것으로 즐거움을 얻으리라사 55:2.

정말 왜 그런가? 이는 파라오가 우리 생각 속에서 크게 보이기 때문
이다. 그러나 더 이상 파라오는 필요하지 않다! '자유 시간'은 우리
가 강요에 관하여 다시금 판단을 내릴 수 있게 해준다.

IV

모세는 신명기에서 안식일이 축제일이요, 첫째 날부터 여섯째 날에 이르는 날들 속에도 옮겨 놓은 새로운 사회적 실체라고 생각한다. 안식일을 지키는 사람들은 7일 전부를 다르게 살아간다. 때문에 우리 삶에 '7'(안식)을 부여하는 것이 우리가 할 일이라고 본다. 우리는 깊은 자유를 누리는 날인 안식일을 신실히 지킴으로 말미암아 강요가 판치는 패턴들이 부서질 때 이루어질 수 있는 새로운 삶의 두 가지 측면을 밝혀 볼 수 있다.

첫째, 모세는 신명기 15:1-18에서 성경 전체를 통틀어 안식일을 가장 철저하게 확장한 내용을 선언한다. 그는 이스라엘에게 7년마다 '안식의 원리'를 행동에 옮겨 가난한 사람들이 진 빚을 면제하는 데 동참하라고 말한다. 이렇게 철저히 '7'을 행하라고 명령하는 의도는 이스라엘에 영원한 하층계급이 존재하는 일이 벌어지지 않게 하려는 것이다신 15:4. 모세는 안식일을 이렇게 철저히 확장한 이 가르침에 대하여 이스라엘 사람들이 "마음을 완악하게" 하고 "주먹을 움켜쥐는" 저항이 있을 수 있음을 내다본다신 15:7. 그러나 그와 같은 저항이 벌어지는 이유는 그들이 강요가 판치는 패턴에 빠졌기 때문이다. 이런 패턴에서는 가난한 사람들을 함께 안식을 누릴 이웃

으로 보기보다 경제적 착취의 대상으로 삼는다. 하지만 모세는 출애
굽 기억을 떠올려줌으로써 그런 저항에 맞선다 신 15:15. 그는 안식일 기
억을 근거로 삼아 이스라엘에게 "후히 주고"신 15:10 "후히 공급하라"신
15:14고 당부한다.

　둘째, 신명기는 극히 '취약한 세 부류'로 과부와 고아와 이민자
를 들면서, 이들을 보호받을 권리를 갖지 못한, 어려운 처지의 사회
구성원들로 본다. 신명기 전승은 특히 이들의 어려운 처지에 관심을
기울인다.

　너는 객이나 고아의 송사를 억울하게 하지 말며 과부의 옷을 전당 잡
　지 말라. 너는 애굽에서 종 되었던 일과 네 하나님 여호와께서 너를 거
　기서 속량하신 것을 기억하라. 이러므로 내가 네게 이 일을 행하라 명
　령하노라.
　　네가 밭에서 곡식을 벨 때에 그 한 뭇을 밭에 잊어버렸거든 다시 가
　서 가져오지 말고 나그네와 고아와 과부를 위하여 남겨두라. 그리하면
　네 하나님 여호와께서 네 손으로 하는 모든 일에 복을 내리시리라. 네
　가 네 감람나무를 떤 후에 그 가지를 다시 살피지 말고 그 남은 것은 객
　과 고아와 과부를 위하여 남겨두며 네가 네 포도원의 포도를 딴 후에
　그 남은 것을 다시 따지 말고 객과 고아와 과부를 위하여 남겨두라.

너는 애굽 땅에서 종 되었던 것을 기억하라. 이러므로 내가 네게 이 일을 행하라 명령하노라신 24:17-22.

안식일에는 취약하고 위험에 노출된 이웃들도 "너와 같이" 평화롭게 쉼을 누려야 함을 아는 것이 결코 어렵지 않다.

이와 같은 해석 전통을 따른다면, 안식일은 단순히 멈춤이 아니다. 안식일은 강요와 경쟁에서 벗어나 서로를 긍휼히 여기는 연대성에 비추어 사회의 모든 삶을 다시 생각해 보는 계기다. 이러한 연대성은 사람들을 쥐쳐 대는 탐욕이 부서져야만 비로소 생각해 볼 수 있고 실행할 수 있다. 안식일은 단지 기운을 다시 되찾는 멈춤이 아니다. 안식일은 변화를 일으키는 멈춤이다. 이스라엘은 늘 탐욕의 유혹을 받는다. 그러나 안식일은 주어진 것을 받아들이라고 권면하는 것이요, 우리에게 필요한 것이 이미 주어졌으니 그것에 사로잡힐 필요가 없음을 인정하는 것이다.

| 4장 | **배타주의에 저항하다**

여호와께 연합한 이방인은 말하기를 여호와께서 나를 그의 백성 중에서 반드시 갈라내시리라 하지 말며 고자도 말하기를 나는 마른 나무라 하지 말라. 여호와께서 이와 같이 말씀하시기를 나의 안식일을 지키며 내가 기뻐하는 일을 선택하며 나의 언약을 굳게 잡는 고자들에게는 내가 내 집에서, 내 성 안에서 아들이나 딸보다 나은 기념물과 이름을 그들에게 주며 영원한 이름을 주어 끊어지지 아니하게 할 것이며 또 여호와와 연합하여 그를 섬기며 여호와의 이름을 사랑하며 그의 종이 되며 안식일을 지켜 더럽히지 아니하며 나의 언약을 굳게 지키는 이방인마다 내가 곧 그들을 나의 성산으로 인도하여 기도하는 내 집에서 그들을 기쁘게 할 것이며 그들의 번제와 희생을 나의 제단에서 기꺼이 받게 되리니 이는 내 집은 만민이 기도하는 집이라 일컬음이 될 것임이라. 이스라엘의 쫓겨난 자를 모으시는 주 여호와가 말하노니 내가 이미 모은 백성 외에 또 모아 그에게 속하게 하리라 하셨느니라. 이사야 56:3-8

구약 속의 이스라엘은 끊임없이 자신의 정체성을 의식하면서, 그 자신이 역사상 중요한 의미를 지닌 민족으로써 수행하는 독특한 역할을 계속 성찰한다. 동시에 이스라엘은 야훼의 신실하심과 사회경제 현실, 지역 현실, 정치 현실과 연관된 역사의 구체적 상황을 따라 이스라엘 자신의 신학적 뿌리를 인식하는 독특한 면모를 보여준다. 성경 본문 전승은 이스라엘이 계속하여 그 신학적·역사적 운명을 뚫고 나아가는 모습과 방식들을 증언한다.

I

성경은 이스라엘 국가의 형성 과정을, 야훼의 능력이 "민족도 아니었던 이들"을 "이 민족"(백성)으로 바꾸어 놓으신 과정으로 풀어 이야기한다.

1. 전승에 따르면, 이스라엘의 선조인 히브리 사람들은 따돌림 받는 변방 사람 취급을 받았다. 실제로 요셉의 내러티브를 보면, 히브리 사람들은 사회의 예법을 위협하는 자들이기에 사회 권력을 쥐고 경영하는 자들에게서 계속 떼어 놓아야 할 대상으로 취급된다.

> 그들이 요셉에게 따로 차리고 그 형제들에게 따로 차리고 그와 함께 먹는 애굽 사람에게도 따로 차리니 애굽 사람은 히브리 사람과 같이 먹으면 부정을 입음이었더라창 43:32.

이런 대우는 미국 사회에서 백인이 흑인을 차별 대우하는 모습과 다르지 않다.

2. 출애굽 내러티브에서는 이스라엘이 이집트를 떠날 때만 해도 "많은 사람들이 뒤섞인 무리"로서 딱히 그 정체를 규정할 수 없는 군중이었음을 상기시켜 준다출 12:38.

3. 하지만 시내산에 이르러 야훼는 당신 뜻을 따라, 여러 부류의 사

람들이 뒤섞인 이 무리를 엮어, 그 정체를 규정할 수 있고 일정한 의
도에 따라 형성되어 역사적 운명을 감당할 부름받은 공동체로 바꾸
어 놓으셨다.

> 세계가 다 내게 속하였나니 너희가 내 말을 잘 듣고 내 언약을 지키면
> 너희는 모든 민족 중에서 내 소유가 되겠고 너희가 내게 대하여 제사
> 장 나라가 되며 거룩한 백성이 되리라. 너는 이 말을 이스라엘 자손에
> 게 전할지니라출 19:5-6.

구약에서 하나님의 백성이 체험한 경이驚異는 "민족도 아니었던 이
들"이 "하나님 소유인 백성"으로 바뀐 경이다벧전 2:10.

4. 선지자 전승은 이처럼 정체성이 바뀐 기적을 기억했다. 한편으
로, 이스라엘은 다시금 그들이 "내 백성이 아닌 이들"이 되는 일이
벌어질 수 있음을 상상할 수 있었다호 1:9. 그러나 다른 한편으로, 이
스라엘은 하나님이 그들에게 신실하셔서 그들을 늘 새롭게 "내 백
성"이 되게 해주실 것을 신뢰했다호 2:23. 야훼의 백성이라는 이스라
엘의 정체성은 소중한 주장이지만, 이 주장에는 위험도 배어 있다.
그러한 이유 때문에 이스라엘은 그 정체성과 운명, 나아가 결국은

누가 그 구성원인지를 놓고 늘 다투었다.

||

출애굽과 시내산 사건이라는 경이로운 일, 그리고 이러한 경이를 표현한 송영이 있은 뒤, 이스라엘은 얼마 지나지 않아 그 전승을 형성하는 과정에서 그들의 삶에 질서를 부여하고 구성원의 경계를 설정하며, 그 경계 안에 속한 자와 그렇지 않은 자를 결정하려고 애썼다. 대체로 보면 '내부자', 곧 이 야훼 공동체의 정당한 구성원인 자들은 토라를 지키고 시내산에서 받은 계명에 순종하며 충성할 것을 맹세하는 자라고 말하는 것이 옳다. 여호수아 24장은 시내산 사건을 겪지 않았던 시내산 이후 세대가 시내산을 그대로 따라 하면서 다시 충성 맹세를 하고 이스라엘이라는 이름으로 언약에 서명하는 제의를 제시한다.

여호수아가 이르되 그러면 이제 너희 중에 있는 이방 신들을 치워 버리고 너희의 마음을 이스라엘의 하나님 여호와께로 향하라 하니 백성이 여호수아에게 말하되 우리 하나님 여호와를 우리가 섬기고 그의 목소리를 우리가 청종하리이다 하는지라. 그날에 여호수아가 세겜에서 백성과 더불어 언약을 맺고 그들을 위하여 율례와 법도를 제정하였더라^{수24:23-25}.^{수24:23-25}.

시간이 흐르면서 이스라엘은 이 드라마를 여러 번 재공연하고, 토라 공동체 안에 늘 다시금 새로운 구성원들을 채워 넣었다고 상상하는 것이 타당하다.

토라를 실천하는 것은 이스라엘이 야훼의 백성이라는 자신의 정체성을 인정하고 유지하는 방법이었는데, 이런 토라 실천은 위대한 두 가지 토라 해석 전승으로 나타난다. 첫째는 이스라엘더러 거룩한 백성이 되라고 권면하는 레위기 안에서 울려 펴지는 위대한 제사장 전승인데, 이 전승은 **거룩함**을 이야기한다.

너는 이스라엘 자손의 온 회중에게 말하여 이르라. 너희는 거룩하라. 이는 나 여호와 너희 하나님이 거룩함이니라^{레19:2}.

이 전승은 이스라엘에게 제의법상 정결을 지키고, 세속적이고 세상적이며 범속성凡俗性을 띤 모든 것에서 깨끗함을 지키라고 요구한다. 이런 것에 노출되면 이스라엘은 더러워지고 야훼는 지금 이스라엘이 살아가는 자리에서 밀려날 것이기 때문이다. 레위기는 삶의 모든

국면을 규율하는 가이드라인을 꼼꼼하고 세세하게 제시하여, 오로
지 정결을 지키겠다는 의지를 가지고 정결을 지키는 사람들만을 이
스라엘의 구성원으로 기어이 존속하게 한다. 그렇지 않은 사람들은
공동체 전체를 위태롭게 하기 때문에 배제된다.

두 번째 위대한 해석 전승인 신명기는 시내산 계명을 조금 다른
방향에서 받아들인다. 이 전승은 정의와 관련된 문제들에 강조점을
두며, 공동체에서 보호를 받아야 할 약자들—가난한 자들, 과부들,
고아들, 이민자들—에게 집중한다. 이스라엘은 이렇게 약자를 보호
하고 정의를 실천하는 이들로 이루어진다.

너는 재판을 굽게 하지 말며[정의를 왜곡하지 말며] 사람을 외모로 보
지 말며 또 뇌물을 받지 말라. 뇌물은 지혜자의 눈을 어둡게 하고 의인
의 말을 굽게 하느니라. 너는 마땅히 공의만을 따르라. 그리하면 네가
살겠고 네 하나님 여호와께서 네게 주시는 땅을 차지하리라신 16:19-20.

신명기는 정의에 관심을 기울이지만, 레위기 제사장 전승처럼 정결
에도 계속 관심을 기울인다.

너희는 너희 하나님 여호와의 자녀이니 죽은 자를 위하여 자기 몸을

베지 말며 눈썹 사이 이마 위의 털을 밀지 말라. 너는 네 하나님 여호
와의 성민이라. 여호와께서 지상 만민 중에서 너를 택하여 자기 기업
의 백성으로 삼으셨느니라신 14:1-2.

더욱이 신명기 14:3-21은 방금 한 말을 따라 "정결하고 부정한" 음
식 목록을 길게 열거한다. 이 모든 자료가 공동체 구성원의 자격과
관련이 있다.

신명기 전승에서 공동체 구성원 **자격**과 관련하여 가장 흥미로
운 본문은 모세가 신명기 23:1-8에서 선언하는 배제 목록이다. 이
본문은 두 부분으로 나뉜다.

1. 모세는 1-2절에서 성기가 제구실을 하는 것이 이스라엘 공동체에
들어올 조건이라도 되는 것처럼, 성기에 이상이 있는 자들을 구성원
에서 제외한다. 여기서 고환과 음경을 강조한 것은 씨를 충실히 전
하여 "거룩한 씨"(자손)를 보존하는 것과 관련이 있다스 9:2, 느 9:2. 그
와 더불어 2절에서는 혼인 관계에서 태어나지 않은 사생자도 제외
한다. 이 두 구절은 올바른 성관계라는 기준을 구성원이 될 자격의
전제 조건으로써 상세히 이야기한다.

2. 모세는 본문의 두 번째 부분인 3-8절에서 이스라엘 사람이 아닌 자들을 점검한 표를 제시한다. 우선, 암몬 사람과 모압 사람은 민수 기에서 이야기했던 과거 기억들을 언급하며 반기지 않는다. 이스라 엘에게는 "그들의 평안과 번영"이 결코 관심사가 될 수 없다는 것이 두드러지게 나타난다. 그러한 고대 공동체에서는 평안과 번영이 제 의적 선물이다. 때문에 암몬 사람과 모압 사람은 이스라엘이 올리는 예배에서 제외되며, 그런 이유로 그들은 하나님이나 이웃에게서 언 약의 복을 받을 수 없다.

반면, 에돔 사람과 이집트 사람은 이스라엘 공동체 안에 들어올 수 있다. 이들을 받아들이는 것은 아주 놀라운 일이다. 에돔 사람은 "친족"(형제)인데, 그들을 친족으로 기억하는 것은 에서와 연결된 옛 인연 때문이었다. (흥미롭게도 창세기 19:30-38을 보면 암몬과 모압 도 "친족"이다. 그러나 여기에서는 그 점이 눈에 띄지 않는다.) 이집트 사 람을 받아들인 것은 아주 다른 이유 때문인데, 이스라엘 자신이 이 집트에서 이방인으로 있었던 기억을 그 이유로 내세운다. 이렇게 이 스라엘 공동체 안에 '포함'시킬 이들과 '제외'할 이들을 구분한 것이 제멋대로라는 결론을 내릴 사람도 있을지 모르지만, 모세는 이렇게 선언한다. (이런 구분이 이렇게 임의대로 이루어지는 경우는 이번이 마지 막이 아니다!) 이 본문에서는 '구성원의 자격'이 매우 중요한 문제임이 분명하게 드러난다. 이 문제에는 좋은 기억과 나쁜 기억이 얽혀 있다. 이스라엘 공동체에 들어가려면 엄격한 조건을 충족해야 한다.

이렇게 구성원에서 제외하는 이들을 다룬 본문에 더하여, 신명기 계명들이 빈번히 이야기하는 '출회黜會 규정'도 주목해 볼 수 있다. 이 출회 규정은 계명을 어김으로써 공동체를 위태롭게 한 자들을 가차 없이 쫓아내라고 명령한다. 출회 규정이 실제로 쓰는 말은 "너는 이렇게 하여 너희 중에서 …을 제거하라"다. 출회 규정은 '제거하다'라는 동사로 번역하는데, 이는 공동체를 위험에 빠뜨린 것을 깨끗이 쓸어버림을 뜻한다. 우리는 이 규정을 사용한 경우를 살펴봄으로써, 이스라엘이 구성원의 자격이라는 것을 얼마나 진지하게 받아들여야 했으며, 위험을 제거하는 것을 얼마나 절박하게 여겨야 했는지를 알 수 있다.

- 거짓 선지자를 제거하라신 13:5.
- 살인자를 제거하라신 17:7, 21:9.
- 제사장을 무시하는 자를 제거하라신 17:12.
- 패역한 자식을 제거하라신 21:21.
- 창녀를 제거하라신 22:21.
- 간음한 자를 제거하라신 22:22, 24.

• 유괴한 자를 제거하라신 24:7.

이와 같은 규정은 이스라엘 공동체의 통일성과 안전을 유지하고자 폭력으로 위에 해당하는 자를 쫓아내는 일에 정당성을 부여하고, 위에 해당하는 자가 있으면 그들을 쫓아내는 행위를 하도록 요구하는 데 사용했다. 이 모든 데이터가 보여주듯이 이런 엄중한 조치들은 이 문제의 심각성을 일러 준다. 우리는 공동체를 유지할 목적으로 허용한 가혹함의 정도를 보면서 이스라엘 공동체가 이런 행위에서 느꼈을 위협의 정도를 짐작해 볼 수 있다.

III

우리는 이렇게 이스라엘 구성원의 자격을 정결 유지, 이웃 사랑 실천, 그리고 토라 준수라는 시각에서 폭넓게 고찰해 보았다. 이러한 고찰은 내가 지금 탐구하고 싶어 하는 안식일 준수에 관한 핵심 요점을 살펴볼 정황을 제공해 준다. 분명 신명기 본문보다 훨씬 더 후대의 본문인 이사야 56장을 보면, 이스라엘 공동체는 구성원 자격이라는 복잡한 문제로 되돌아간다. 이 본문은 바벨론 포로 생활에서 돌아와 이제 "모든 것을 바로잡기로" 결심한 유대인들의 '회복 프로 그램'을 고찰한다. 이 공동체에는 처리해야 할 난제들이 산처럼 쌓여 있는데, 이는 이사야 56-66장이라는 더 큰 본문 덩어리에서 볼 수 있다. 그러나 공동체 구성원의 자격이라는 문제보다 더 시급한 문제는 없었다. 당면 문제 중에는 어떤 유대인을 예배 공동체 안에 받아들일 것인지에 대한 문제, 곧 포로로 끌려갔던 이들과 끌려가지 않았던 이들, 제국의 권위에 부역한 이들과 부역하지 않은 이들을 함께 예배 공동체 안으로 받아들일 것인가라는 문제가 있었다. 이사야 56:3-8은 십중팔구 이 시급한 논란거리의 한 측면만을 곱씹어 보는 본문 같지만, 우리는 여기서 바로 이 말씀을 고찰해 보겠다.

이 본문은 우리를 놀라게 한다. 옛적의 **배타주의**를 거부하고 **포용주의** 원리를 강조함으로써, 신명기 23:1-8이 제시했던 모세의 옛 율법과 어긋나는 조치를 취하며 모세의 율법을 뒤집어엎기 시작하기 때문이다. 시 같은 이 강조문은 두 무리의 지원자들을 이스라엘의 구성원으로 받아들이는 선택을 옹호한다. 첫째, 외국인을 환영하라!

여호와께 연합한 이방인은 말하기를
여호와께서 나를 그의 백성 중에서 반드시 갈라내시리라 하지 말며……
또 여호와와 연합하여 그를 섬기며
여호와의 이름을 사랑하며 그의 종이 되며

안식일을 지켜 더럽히지 아니하며

나의 언약을 굳게 지키는 이방인마다사 56:3, 6.

둘째, 고자를 받아들이라!

고자도 말하기를

나는 마른 나무라 하지 말라.

여호와께서 이와 같이 말씀하시기를

나의 안식일을 지키며 내가 기뻐하는 일을 선택하며

나의 언약을 굳게 잡는 고자들에게는

내가 내 집에서, 내 성 안에서

아들이나 딸보다 나은 기념물과 이름을 그들에게 주며

영원한 이름을 주어

끊어지지 아니하게 할 것이며사 56:3-5.

외국인을 받아들임은 신명기 23장에서 모압 사람과 암몬 사람을 배제한 것과 분명 모순이지만, 이집트 사람의 경우에는 그들을 더욱 쉽게 받아들일 수 있게 해주는 것 같다. 모세의 토라가 이 시를 옹호하는 데 걸림돌이 되지 않는다는 것이 독특하다. 이 시가 피력하는 입장은 관대한 포용이다.

　고자를 받아들임은—비록 다른 말을 쓰기는 했지만—신명기 23:1을 의도한 일로 보일 것이다. 고자는 손상당한compromised 성기를 가졌기 때문이다. 그렇다면 그 말은 이제 '고자'로 번역하지 말아야 할지도 모른다. 그러나 어쨌든 그 말은 외국인 통치자에게 부역하고 굴복함으로써, 실제 성기가 손상되지는 않았어도 정치적으로 타협한compromised 이들을 가리키는 것처럼 보일 것이다. 하지만 일반적으로 더 많이 쓰는 번역어인 '고자'는 여기에서는 일단 정치면에서 외국 통치자들에게 부역하고 굴복한 자들도 가리키는 것으로 볼 수 있겠다. 이 두 범주의 지원자들은 기꺼이 받아들여야 한다. 여기 이사야서 본문은—애초에 모세가 명령했던 것과 아주 다르게—너그러이 범위를 넓히고 사람들을 기꺼이 받아들이는 신앙 공동체의 모습을 제시한다.

　무엇보다 두드러진 특징은, 이스라엘 공동체 안에 들어오는 조건이 민족에 따른 자격이나 정결과 관련된 다른 어떤 기준과 분명히 무관하다는 것이다. 우선 새로 공동체 구성원이 된 자들에게 널리 요구되는 것은 단지 "토라를 지키라"는 것이다. 그것이 전부다. 이는 신명기 토라를 지키라는 의미일 수도 있지만, 여기에서는 그렇게 말하지 않는다. 가장 눈에 띄는 것은 오직 한 조건, 곧 "안식일

을 지키라"는 조건만을 천명한 것이다. 안식일을 지키는 것이야말
로 공동체의 구성원임을 나타내는 유일무이한 표지요, 모세가 열거
한 율법을 넘어서는 관대한 편입 행위이며, 하나님 소유인 이스라엘
이 누리는 생명이 이전에는 제외당했으나 이제는 환영받는 이들에
게도 부어지게 만드는 행위다.

외부인을 받아들이는 당사자가 그들을 이스라엘 공동체 안에
받아들이는 조건으로 선택할 수 있는 것 가운데 안식일을 골랐다는
사실이 놀랍기만 하다! 외부인을 받아들일 공동체 구성원들은 안식
일을 구성원이 되려는 자들이 갖추어야 할 유일한 특별 조건으로 만
들었다. 이는 안식일이 제국의 생산자-소비자 출혈경쟁을 철저히
멀리하는 것을 상징하기 때문이다. 이스라엘 공동체는 한 사람을 규
정하는 것이 경쟁이나 성과나 생산이나 획득이 아닌 정의와 자비와
긍휼이라면, 인종이나 민족, 성이나 사회 지위에 상관없이 누구든
그 구성원으로 기꺼이 받아들인다. 정결은 전혀 언급하지 않는다.
다만 사람다움을 지키도록 이웃과 더불어 일을 멈추고 쉬는 것만 언
급한다.

본문에 따르면 "이 사람들", 곧 외국인들, 고자들, 모세는 받아
들이려 하지 않았던 사람들, 안식일을 지키는 사람들, 제국의 문화
가 기대하는 것들에 규정당하기를 거부하는 이 신앙의 사람들은 받

아들여야 한다.

> 이스라엘의 쫓겨난 자를 모으시는
> 주 여호와가 말하노니
> 내가 이미 모은 백성 외에
> 또 모아 그에게 속하게 하리라 사 56:8.

IV

이것은 훨씬 더 옛적 본문을 바로잡은 본문이다. 이제 우리는 이 시대에서 우리가 결단해야 할 순간에 이 옛 본문을 읽는다. 우리 시대는 두려움이 여기저기 퍼져 있는 시대다. 우리는 너무나 두려운 나머지 세상에 장벽을 세우고 다른 이는 일체 들어오지 못하게 하려고 한다.

- 일부 교회는 여전히 장벽을 세우고 여성들을 그 장벽 밖으로 내몰려 한다.
- 우리는 이민자들(혹은 팔레스타인 사람들)이 들어오지 못하게 장벽을 건설한다.

- 많은 곳의 교회는 동성애자들이 들어오지 못하게 장벽을 세운다.
- '인종'이라는 오랜 이슈는 지금도 장벽을 세우게 만드는 강력한 동기가 된다.

우리에게는 지켜야 할 것들이 아주 많으며, 그 역사가 모세 때까지 거슬러 올라갈 만큼 오래되었다. 그러나 지금 여기서 지켜야 할 것은 오직 하나뿐이다. 그것이 바로 안식일이다. 일을 멈추라는 이 명령은 모든 사람이 지킬 수 있다. 동성애자든 아니든, 여자든 남자든, 흑인이든 백인이든, 아메리카 원주민이든 히스패닉이든 다 지킬 수 있다. 누구라도 안식일을 지킬 수 있으며 하나님의 모든 백성이 모이는 자리에 모일 수 있다.

안식일은 구성원이 될 "자격이 있다"는 개념을 부숴 버린다. 훗날, 세례 요한은 전문직업에 종사하는 유대인 내부자들을 다루었다. 그들은 자신들이 자격이 있는 내부자라는 데 엄청난 자부심을 가졌다. 그들은 자신들의 혈통, 자신들의 칭호(자격), 자신들의 조상, 자신들의 우월성, 조상 아브라함까지 거슬러 올라가는 가계도를 가진 자손인 것을 으스댔다. 요한은 그들을 비판하면서 그들의 혈통을 내쳐 버린다.

속으로 아브라함이 우리 조상이라고 생각하지 말라. 내가 너희에게 이르노니 하나님이 능히 이 돌들로도 아브라함의 자손이 되게 하시 리라마 3:9.

그런 다음 요한은 혈통이 중요한 것이 아니라 열매가 중요하다고 말 한다.

이미 도끼가 나무뿌리에 놓였으니 좋은 열매를 맺지 아니하는 나무마 다 찍혀 불에 던져지리라마 3:10.

중요한 것은 우리의 삶이 낳는 결과다.
　나는 '열매', 곧 결과라는 말을 깊이 생각해 보았다. 그리고 바 울이 열매에 관하여 한 말을 떠올렸다. 그는 나쁜 열매를 두고 이렇 게 말했다.

육체의 일은 분명하니 곧 음행과 더러운 것과 호색과 우상 숭배와 주 술과 원수 맺는 것과 분쟁과 시기와 분냄과 당 짓는 것과 분열함과 이 단과 투기와 술 취함과 방탕함과 또 그와 같은 것들이라. 전에 너희에 게 경계한 것같이 경계하노니 이런 일을 하는 자들은 하나님의 나라를 유업으로 받지 못할 것이요^{갈 5:19-21}.

그러나 이어 바울은 그 반대편에 있는 것들을 칭송한다.

오직 성령의 열매는 사랑과 희락과 화평과 오래 참음과 자비와 양선과
충성과 온유와 절제니 이같은 것을 금지할 법이 없느니라^{갈 5:22-23}.

나는 '선한 열매'는 안식일이 안겨 주는 평화를 누리는 것에서 생겨
난다고 감히 생각한다. 육신이 낳는 '파괴적 열매'는 출혈경쟁을 펼
치는 삶이 만들어 낸다. 이사야 56장을 지지하는 이들은 출혈경쟁
을 펼치는 동료를 전혀 원하지 않는다. 오히려 그들은 일을 그침에
서 생겨나는 열매들을 원한다.
　　그러한 다음 나는 이런 생각을 했다. '열매'와 관련하여 생각해
보니, 이제 우리는 우리가 이 탐구를 시작했던 지점에서 출발해 다
시 제자리로 돌아왔다. 처음에 하나님은 인간이라는 피조물을 지으
시고 그들에게 "열매를 맺어라"(생육하고 번성하라)고 말씀하셨다.
이와 같은 복을 주시고 열매를 맺으라고 권하셨던 하나님이 바로 안
식일의 주님이시다. 하나님 나라의 열매를 맺으려면 안식일이 있어
야 한다. 안식일을 거부하는 사람은 오로지 신 포도, 곧 분노와 폭력

과 질투, 그리고 종국에는 죽음을 가져오는 포도를 만들어 낼 뿐이
다. 안식일은 분노의 포도를 거부하고, 생명과 희락, 찬송과 **샬롬**의
선한 열매를 받아들인다.

| 5장 | **과중한 일에 저항하다**

가난한 자를 삼키며 땅의 힘없는 자를 망하게 하려는 자들아, 이 말을 들으라. 너희가 이르기를 월삭이 언제 지나서 우리가 곡식을 팔며 안식일이 언제 지나서 우리가 밀을 내게 할꼬. 에바를 작게 하고 세겔을 크게 하여 거짓 저울로 속이며 은으로 힘없는 자를 사며 신 한 켤레로 가난한 자를 사며 찌꺼기 밀을 팔자 하는도다. 여호와께서 야곱의 영광을 두고 맹세하시되 내가 그들의 모든 행위를 절대로 잊지 아니하리라 하셨나니 이로 말미암아 땅이 떨지 않겠으며 그 가운데 모든 주민이 애통하지 않겠느냐. 온 땅이 강의 넘침 같이 솟아오르며 애굽 강 같이 뛰놀다가 낮아지리라. 아모스 8:4-8

미주리주 설린카운티라는 시골에서 자란 나의 어린 시절, 우리 동네에서 잡화상을 하는 G씨와 그의 아내는 교회 예배 때면 늘 앞자리에 앉았다. 주일마다 G씨 부부는 목사(내 아버지)의 설교 막바지 5분 동안에 무슨 의식이라도 거행하는 것처럼 긴 통로를 걸어 교회 뒤쪽으로 간 뒤 교회를 떠나곤 했다. 그들은 자신들의 행동 때문에 예배에 참석한 다른 모든 이들이 예배에 집중하지 못해도 개의치 않았다. 그들이 떠난 이유는 우리 동네에 있는 다른 교회인 루터교회가 우리들이 예배를 마치는 시각보다 30분 일찍 예배를 마치기 때문이었다. 어린 나는 G씨가 루터교회 신자들에게 주문을 받고 그들의 돈을 벌어들이려면 그 신자들이 예배를 마치는 시간에 꼭 맞춰 우리 교회를 떠나야 했을 테니, 하나님을 예배하면서도 대체 얼마나 자주 자기 시계를 들여다보았을지 궁금했다. 당시만 해도 나는 그 말을 몰랐지만, G씨는 '동시다중 작업'multitasking을 하고 있었다. 그는 예배하고 있었지만, 그동안에도 그의 눈은 장사하고 돈 벌 궁리를 하느라 시계에 박혀 있었다. 이 동시다중 작업이라는 문제는 잠시 뒤에 다시 다루어 보겠다.

|

이번 강설에서는 구약의 선지자들이 안식일을 불완전하고 부적절하게 지키는 이스라엘의 여러 행태에 퍼부은 비판을 살펴보겠다. 모세가 신명기에서 예상했듯이, 이스라엘은 가나안 땅에 들어가더니 꾐에, 그들을 이집트에서 건져내 주신 하나님을 잊고 그들이 그들 자신을 지킬 수 있다고 생각하라는 꾐에 빠지고 만다. 나는 이를 '상품지상주의'로 돌아감, 곧 더 많이 갖는 것이 행복을 만들어 내리라는 확신으로의 돌아감이라고 부른다. 고대 이스라엘을 이렇게 상품지상주의로 돌아가게 이끈 상징적 인물이 솔로몬이다. 그 사연은 열왕기서가 제시한다.

1. 으리으리한 솔로몬 성전은, 끝도 없이 쏟아부은 황금이 보여주듯이, 상품지상주의가 낳은 투자 사업이었다. 이는 분명 사람들의 마

음을 사로잡으려고 지은 것이었다.

> 그 내소의 안은 길이가 이십 규빗이요 너비가 이십 규빗이요 높이가 이십 규빗이라. 정금으로 입혔고 백향목 제단에도 입혔더라. 솔로몬이 정금으로 외소 안에 입히고 내소 앞에 금사슬로 건너지르고 내소를 금으로 입히고……
>
> 솔로몬이 또 여호와의 성전의 모든 기구를 만들었으니 곧 금 단과 진설병의 금 상과 내소 앞에 좌우로 다섯씩 둘 정금 등잔대며 또 금 꽃과 등잔과 불집게며 또 정금 대접과 불집게와 주발과 숟가락과 불을 옮기는 그릇이며 또 내소 곧 지성소 문의 금 돌쩌귀와 성전 곧 외소 문의 금 돌쩌귀더라 왕상 6:20-21, 7:48-50.

2. 성전만이 아니었다. 솔로몬은 인간이 상상할 수 있는 온갖 종류의 상품을 긁어모으느라 엄청난 시간을 쏟아부은 사업가였다. 그와 같은 유명한 수집가들이 그러하듯이, 다른 이들도 솔로몬이 모아들이는 물품에 하나라도 더 보태려고 열심이었다.

> 그들이 각기 예물을 가지고 왔으니 곧 은 그릇과 금 그릇과 의복과 갑옷과 향품과 말과 노새라 해마다 그리하였더라 왕상 10:25.

3. 솔로몬은 성전을 금으로 뒤덮고 진기한 외국 물품들을 소유한 것에 더하여 여자들까지 모아 쌓았다. 이는 솔로몬이 심지어 여자들도—아내들과 첩들도—상품으로 여겼다는 결론에 이르게 한다. 그여자가 영광을 함께할 동반자였느냐 아니면 그저 정치도구였느냐는 상관이 없었다^{왕상 11:3}.

이렇게 무엇인가를 얻으려는 모습이 삼중으로 나타난 것은 솔로몬에게도 쉼이 없었음을 증언한다. 솔로몬이 끊임없이 계획하고 궁리하며, 협상하고 착취하여 축적에만 매달렸으리라는 것은 삼척동자도 짐작할 수 있다. 이렇게 쉼이 없이 무언가를 얻는 일에 골몰했다는 것은 솔로몬에게 분명 안식일이 없었음을 의미한다. 나아가 우리는 솔로몬이야말로 언약과 관련된 모든 것을 무시한 이스라엘에 널리 퍼져 있던 상품지상주의와 쉼이 없음을 상징하는 화신이라는 판단을 내릴 수 있겠다.

II

구약 성경을 보면, 선지자들이 다양한 수사 양식을 동원하여 상품지상주의로 돌아가려는 움직임을 일관되게 비판하면서, 언약을 따르는 길로 돌아오라고 권면한다. 안식일의 쉼은 언약을 따르는 삶을 증명해 주는 표지이자 척도라고 볼 수 있다. 안식일의 쉼은 상품 획득 탐욕에 저항하는 행동이다. 그러나 솔로몬이 분명히 상징하듯이, 상품 획득에만 골몰하는 이스라엘에서는 안식일이 눈 가리고 아웅하는 것이요, 형식상으로만 일을 멈추는 행위로 변질되어 버렸다. 실제로 안식일은 이스라엘을 사로잡은, 상품을 획득하려는 탐욕이 키워 낸 불안과 공격성으로 가득한 축제가 되어 버렸다. 나는 먼저 두 선지자의 글 셋을 인용한 뒤, 뒤틀려 버린 안식일의 동시다중 작업이 거짓임을 폭로한 선지자 아모스 전승 속의 한 시에 초점을 맞추어 보겠다.

1. 이사야 1:12-17 이 선지자의 예언은 두 부분으로 나뉜다. 이 시는 12-15절에서 야훼가 이스라엘이 올리는 예배에 실망하고 질려 버리셨다고 선언한다. 이스라엘의 예배는 열정이 넘쳤지만 야훼에게는 역겹기만 하다. 실제로 야훼는 그들의 예배를 "미워하시고", 짐이 되어 버린 그들의 절기를 "싫어하시며", 그들이 올리는 기도를 작심하고 듣지 않으신다. 이 고발에는 제의 때 행하는 것들이 모두 들어 있다. 제물을 드림, 분향, 월삭, 집회, 성회, 그리고 기도. 이 목록 속에는 그들이 "불법과 함께" 행하는 안식일이 들어 있는데, 전혀 놀랍지가 않다. 여기서는 이스라엘이 올리는 예배에서 무엇이 잘

못인지는 우리에게 일러 주지 않는다.

하지만 이 예언의 두 번째 부분에 이르면 우리는 문제가 무엇인지 알게 된다. 선지자는 이스라엘이 올리는 잘못된 예배를 놓고 이들에게 몇 가지 명령을 잇달아 선포한다. 그 명령 중에는 제의에 합당하게 깨끗이 씻으라는 요구도 들어 있지만, 억압받는 자, 고아, 그리고 과부에게 정의를 베풀라는 말에서 이 명령들의 수사가 절정에 올라선다. 이 절박한 요구들은 이스라엘이 올리는 예배의 문제점을 말해 준다. 이스라엘이 거행하는 제의 행위는 이웃을 잘살게 하고 약자를 보호하는 것, 곧 언약이 요구하는 현실의 모습과 완전히 동떨어져 있었다. 이는 이스라엘 예배자들이 안식일을 지키면서도 상품을 획득하려는 탐욕을 버리지 않았음을 뜻한다. 이런 탐욕이 있으면 보호받지 못하는 이들을 착취할 수밖에 없다. 이스라엘 백성은 안식일을 지키는 행위는 모두 했을지 모른다. 그러나 그들은 불안을 야기하고 강요와 착취를 일삼는 행위는 그치지 않았다. 실제로 노동이 그치려면 그러한 행위를 멈춰야 하는데도 그들은 그러지 않았다. 그들의 탐욕스러운 활동에는 불안과 강요와 착취라는 원동력이 있었으며, 이 원동력이 안식일 속으로 곧장 들어와 안식일을 관통해 버렸다. 쉼을 누리는 위대한 축제는 말 그대로 쉼을 없애는 또 하나의 원인이 되어 버렸다.

2. **호세아 2:8-13** 야훼는 이혼 신청과도 같은 이 선지자의 고발 속에서, 아내인 이스라엘이 저지른 행위로 말미암아 지아비의 권리를 침해당하여 비통에 빠진 남편으로서 이야기하신다. (사람들은 종종 이 본문이 가장 관능적인 시각을 담고 있음을 지적했으며 나의 이 책에서도 그 점을 인정한다.) 이스라엘이 창조주이신 야훼가 "이스라엘에게 곡식과 포도주와 기름을 주신" 분이심을 인정하지 않는 것은, 이스라엘이 창조주 야훼를 대놓고 모욕한 일이었다⁸절. 즉, 이스라엘은 야훼를 후히 베푸시는 창조주로 인정하지 않고, 도리어 가나안 족속들이 섬기던 신 바알이 피조물을 기르며 보존하는 자라고 생각했다.

야훼는 진노하여 이스라엘에게 보복하신다. 그 보복은 곡식과 포도주를 "되가져 가는" 것이요, 양털과 삼을 "앗아 가는" 것, 곧 피조 세계를 닫아 버리시는 것이다⁹절. 10-13절은 야훼의 굳은 결심을 1인칭 동사를 사용하여 잇달아 표현한다.

- 내가 폐하리라.
- 내가 황폐하게 하리라.
- 내가 숲을 만들리라.
- 내가 벌하리라.

야훼는 피조 세계를 닫아 버리신 것처럼 이스라엘의 생명도 닫아 버리려 하신다. 이렇게 닫아 버리시는 궁극적인 이유는—일찍이 모세가 예상했듯이—이스라엘이 "나를 잊어버렸기" 때문이다[13절].

무엇보다 우리를 흥미롭게 하는 곳은 11절이다.

내가 그의 모든 희락과

절기와 월삭과 안식일과

모든 명절을 폐하겠고.

이사야 1장의 경우처럼, 여기에서도 월삭과 안식일을 포함하여 여러 예배 절기를 열거한다. 여기서 고발하는 것은 이스라엘이 안식일을 지키면서도 그와 동시에 다른 많은 일을 함께한다는 것이다. 야훼를 예배하는 것처럼 하면서 사실은 가나안 족속들이 섬기는 생식의 신이요, 언약에 따른 의무나 언약에 따라 할 수 있는 일에는 아무 관심도 없는 신인 바알을 신뢰하고 영화롭게 한다는 것이다. 이스라엘이 이렇게 두 마음을 품는 바람에 안식일은 거짓 안식일이 되어 버렸으며, 실제로 언약에 맞서는 실존과 함께 나타나는 끝없는 불안 때문에 진정한 노동 중단은 일어나지 않았다. 이런 거짓 안식일은 아무런 쉼도 제공하지 못하고, 하나님과 이웃에게서 철저히 멀어지는 결과를 낳는다.

3. 이사야 58:1-7 선지자는 이사야서 뒷부분에 나온 이 본문에서 올바른 예배에 관한 토론을 곱씹어 본다. 이 시는 누구라도 쉬이 알 수 있게 분명한 대조를 사용하여 두 예배 모델을 나란히 놓고 대비한다. 선지자는 이 두 예배 모델을 모두 '금식'이라고 부른다. 우선, 하나님께 가까이 다가가기를, 곧 교회에 나아가기를 "기뻐하는" 사람들이 행하는 제의적 금식이 있다[2절]. 그러나 시종일관 예배하고 금식하며 겸비한 몸짓을 보이지만[3절], 사실 이스라엘의 예배자들은 착취를 일삼는 경제생활을 영위하며 그들이 부리는 일꾼들을 억압한다. 안식일을 뚜렷이 언급하지는 않지만, 분명 여기서 살펴보는 예배는 안식일에 일을 그침을 허락하지 않는 것이었다. 이런 관행 속에서는 노동자를 배려하는 정의나 노동자에게 후히 베풂이 존재하지 않는다. 이런 예배는 이웃 사랑에 어긋나며, 착취에 정당성을 부여하는 방패만 제공할 뿐이다.

그런가 하면, 이 시는 방금 말한 금식과 반대로 진정한 '금식'을 제시한다. 진정한 금식에는 억압받는 자들에게 정의를 베풀고, 주린 자들에게 빵을 주며, 가난한 이들에게 살 집을 주고, 옷이 없어 벗은 자들에게 옷을 주는 일, 곧 언약을 따라 진정으로 이웃을 사랑하는 돌봄을 베푸는 일이 포함된다. 이 예배는 사회의 약자들을 배려하라는 신명기의 여러 명령들과 일치한다.

이 본문은 안식일을 논의하는 내용에 직접 속하지 않을 수도 있다. 여기서는 더 폭넓게 예배와 이웃 사랑이라는 이슈를 제기한다. 그러나 안식일은 일꾼들도 "너와 같이" 쉬는^{신 5:14} 이웃 사랑이 담긴 전형적인 예배 행위다. 때문에 우리가 이 문맥에서 볼 수 있는 예배는, 안식일의 쉼을 전혀 제공하지 않고 단지 쉼이 없는 사회의 모습만을 반영하면서, 이런 쉼이 없음에 종교적 정당성을 부여하여 그 사회가 쉼을 누리지 못하게 조장하는 예배 관습과 완전히 다르다. 이웃을 긍휼히 여기고 정의를 행하도록 이끌지 못하는 예배는 야훼께 신실한 예배일 수 없다. 그런 제사는 엉터리 안식일이다!

III

이사야 1:12-17, 호세아 2:8-13, 이사야 58:1-7이 제시하는 비판은 우리가 더 충실하고 더 직접적인 아모스의 예언을 살펴볼 수 있게 준비시켜 준다. 아모스는 사회 비판으로 유명한 선지자다. 그는 탐욕스러운 아내들을 고발하는 그의 유명한 글을 통해 끝도 없는 소비주의와 상품 추구를 폭로한다.

사마리아의 산에 있는 바산의 암소들아,

이 말을 들으라.

너희는 힘 없는 자를 학대하며 가난한 자를 압제하며

가장에게 이르기를 술을 가져다가 우리로 마시게 하라 하는도다^{암 4:1}.

아모스는 특권이 따르는 칭호를 가진 자들이 끝없는 방탕에 빠진 모습을 거의 포르노처럼 묘사한다.

상아 상에 누우며

침상에서 기지개 켜며

양 떼에서 어린 양과

우리에서 송아지를 잡아서 먹고

비파 소리에 맞추어 노래를 지절거리며

다윗처럼 자기를 위하여 악기를 제조하며

대접으로 포도주를 마시며

귀한 기름을 몸에 바르면서^{암 6:4-6}.

아모스는 어린 양과 송아지까지 잡아먹는 그들의 한가한 유흥을 열거하는데, 농부라면 그렇게 어린 동물들을 차마 죽이려 하지는 않았을 것이다. 아모스는 방탕을 시시한 악기나 붙잡고 이국의 가구(상아 침대)에 묻혀 게으름 피우며, 술을 잔뜩 퍼마시고 온갖 훌륭한 화장품을 쳐 바르는 모습으로 묘사한다. 상품에 탐닉하는 모습을 열거한 이 목록은 마지막 6절에서 강력한 역접어인 "그러나"라는 말로 끝맺는다.

[그러나] 요셉의 환난에 대하여는 근심하지 아니하는 자로다 암 6:6

아모스는 그 마음이 마비되어 값싼 노동에 기초한 사치스러운 삶이 조만간 사회 위기를 불러오리라는 것을 알아차리지 못하는 자들을 묘사한다.

7절의 "그러므로"는 이 통렬한 고발을 끝맺는 불길한 시의 결론이다. 시인은 이렇게 자기를 즐겁게 하는 데 취하여 마음이 마비되면 사회는 무너질 수밖에 없다고 말한다. 지체 높다 하는 자들만이 환락에 취한 나머지 다가오는 환난을 알아차리지 못한다.

탐욕암 4:1과 마비된 마음암 6:4-7을 고발하는 것은 아모스 8:4-8에서 우리에게 안식일에 관한 놀라운 예언을 들려주려는 사전 준비다. 4-6절의 고발은 선지자와 같은 시대를 사는 자들이 탐욕을 부리는 사회에서 일어나고 있는 일을 묘사한 내용일 뿐이다. 이 예언은 먼저 경제가 가난한 자들과 곤고한 자들을 "짓밟고 파괴하는" 쪽으로 움직인다고 선언한다[4절]. 그러나 착취하는 자들은 이를 알아차리지 못한다. 그들은 예배에 참여한다! 그들은 안식일을 지킨다! 그들은 자신들의 종교 관습을 존중한다. 그러면서 줄곧 시계만 들여다본다. 그들은 안식일을 참고 지키지 못하며, 해가 져서 마침내 안식일이 끝날 때까지 기다리지 못한다. 얼른 달려가 다시 장사판을 벌여야 하기 때문이다.

> 너희가 이르기를 월삭이 언제 지나서
> 우리가 곡식을 팔며
> 안식일이 언제 지나서
> 우리가 밀을 내게 할꼬.
> 에바를 작게 하고 세겔을 크게 하여
> 거짓 저울로 속이며[암 8:5].

그들은 안식일을 지키지만, 사실은 내내 사고팔며 거래하고 흥정하는 상상을 하고 있다. 시인은 이들이 겉으로 보면 쉬는 것 같지만, 이 사회의 실상은 **쉼이 없다**고 말한다. 심지어 쉼의 날에도 탐욕의 패턴을 그치지 않기 때문이다.

하지만 그것만이 아니다. 장사판으로 빨리 돌아가려고 안달하는 모습은 단지 경제활동에 참여하려는 것만이 아니다. 5절은 그 점을 더욱 이야기한다.

우리가 팔 밀을 내놓을까?

그 다음 줄은 그저 장사를 하고 싶어 안달이 난 마음뿐 아니라, 뒤틀리고 정직하지 않은 장사를 하면서 거짓 저울을 사용함을 이야기한다(신명기 25:13-16은 이런 일을 하지 말라고 금지한다). 저울을 조작하면, 가난한 이들—이런 사실을 잘 알지 못하는 이들 혹은 이런 사실이 있으리라고는 생각도 못하고 신경도 쓰지 않는 이들—이 이렇게 뒤틀린 시장을 먹여 살리는 봉이 되는 결과가 벌어질 수밖에 없다. 결국에는 가난한 이들마저 사고팔 수 있는 상품이 되고 만다^{암 8:6}. 가난한 이들마저 신발 한 켤레 또는 은전 한 닢과 같은 존재로 전락하고 만다. 모든 것이 상품이 되어 버리고, 이웃이 더 이상 존재하지 않는 결과가 벌어진다!

그러나 아모스는 더 많은 것을 이야기한다. 사람들이 지키는 안식일이 실제로 쉼이 없는 탐욕 패턴을 깨뜨리지 않을 경우에는 환난이 올 것이다. 이 선지자는 모든 이가 쉼을 누리는 안식일을 거부하는 사회는 무너질 수밖에 없다고 말한다.

땅이 떨며⋯⋯슬퍼하리라.⋯⋯

그날에⋯⋯애통으로⋯⋯애곡으로

굵은 베로 허리를 동이고⋯⋯머리를 밀리라.⋯⋯

그때가 꼭 오리니⋯⋯말씀을 듣지 못하는 기갈이라 암 8:8-12.

IV

그들은 안식일을 지키지만, 안식일 내내 상품만 생각한다. 이것이
'동시다중 작업'의 전형이다. 내 지평에서 볼 때 가장 달갑지 않은
작업 형태가 휴대전화를 이용한 동시다중 작업이다. 사람들은 손님
과 저녁을 먹거나 운전을 할 때도 휴대전화를 붙들고 있다. 그러나
이보다 훨씬 해로운 동시다중 작업 형태는 교회에서 예배하는 동안
생각이 다른 곳에 가 있는 경우, 곧 설교에는 마음이 없고 잡화점 물
건 목록이나 답신 전화를 걸어야 할 곳이나 해야 할 거래에 정신이
팔린 경우다. 동시다중 작업은 지금 우리 자신보다 더 큰 사람이 되
려고, 지금 우리가 하는 일보다 더 많은 일을 통제하려고, 지금 우리
가 발휘하는 능력과 효율성을 더 키우려고 우리를 몰아붙이는 것이

다. 이런 행위는 우리 자아를 분열시켜, 결국 어떤 일에도 온전히 집중하지 못하게 만드는 결과를 낳고 만다.

예수께서는 '동시다중 작업'을 엄중한 말씀으로 정의하시는데, 아모스도 이 정의에 공명共鳴했을 것이다.

> 한 사람이 두 주인을 섬기지 못할 것이니 혹 이를 미워하고 저를 사랑하거나 혹 이를 중히 여기고 저를 경히 여김이라. 너희가 하나님과 재물을 겸하여 섬기지 못하느니라 마 6:24.

하나님과 재물을 동시에 섬기기는 불가능하다. 안식일을 지키면서 동시에 사업 계획을 세운다는 것은 말이 되지 않는다. 하나님과 깊은 사랑을 나눈다는 사람이 내내 시계만 들여다본다는 것도 말이 되지 않는다. 예수를 찬송한다는 자가 가난한 이들을 잡아먹는다는 것도 말이 되지 않는다. 이렇게 동시다중 작업을 하면서 여기저기에 마음이 팔려 있다는 것은 진정 일을 그치고 쉬지 않는다는 말이요, 성공하려고 미친 듯이 날뛰는 것을 그만두지 않는다는 말이다. 탐욕에 빠져 무언가를 얻으려고 일하면서 동시에 인간다운 소통을 나누어 보려고 하는 것이야말로 "상품(지상주의)으로 돌아감"을 보여주는 진정한 표지다. 우리는 모두 다른 이에게 사고팔고 거래하며 속이는 상품이 된다.

과거 설린카운티의 G씨는 분명 동시다중 작업을 하고 있었다. 그는 우리 교회에서 예배하면서도 루터교회에 다니는 손님들을 놓치지 않으려고 예배 내내 시계를 들여다봐야 했다. 하지만 십중팔구는 우리도 대부분 G씨와 다르지 않을 것이다. 안식일을 지키라는 명령은 이리저리 마음이 나뉘어 어느 하나에 집중하지 못하는 삶의 패턴을 그만두라는, 너무 늦기 전에 그만두라는 간곡한 권면이다. 예수께서 마태복음 6:24 말씀을 하시고 25절에서 다음과 같이 말씀하신 것에 전혀 놀랄 이유가 없는 것도 그 때문이다.

염려하지 말라!

| 6장 | **안식일과 열째 계명**

안식일을 지키라는 넷째 계명은 집안의 모든 식구, 공동체의 모든 지체, 심지어 동물까지 모두 쉬어야 한다고 명령한다. 이런 점을 볼 때, 이 안식일 계명은 이웃 사이의 관계를 다루는 마지막 여섯 계명 출 20:12-17을 미리 내다보는 계명이다. 넷째 계명은 평화로운 집안과 이웃 관계를 기대하며, 이러한 평화로움에 기여할 규율과 한계를 제시한다. 이 넷째 계명에 이어 이웃 사이의 관계를 다루는 여섯 계명은, 그 계명에서 제시하는 것들을 탐내지 말라고 명령하는 열째 계명에서 정점에 이른다. 이렇게 탐내는 행위는 아마도 이웃 사이의 관계를 근본부터 파괴하는 행위일 것이다. 탐냄은 불신을 만들어 내고 이웃을 적으로 만들기 때문이다.

l

사람들은 이 열째 계명과 그 앞에 있는 계명들을 자주 구분하면서,
열째 계명은 다른 계명들과 달리 행위가 아니라 의도나 태도만을 다
루며, 그런 점에서 "살인이나 간음이나 절도"처럼 강제력을 행사하
는 행위와는 다른 것을 다룬다는 근거를 들었다. 그러나 이는 십중
팔구 열째 계명을 잘못 해석한 것이다. 성경 전승은 탐내는 것에 무
언가를 **갈망**하는 태도뿐 아니라 갈망하는 것을 확보하려는 **강제** 행
위도 포함된다고 이해한다. 이는 탐욕에서 나오는 강제력을 강조하
는 것이요, 갈망도 행동으로 옮겨지면 공동체를 위험에 빠뜨린다는
것을 아는 것이다. 따라서 열째 계명은 탐욕을 부리는 자세 및 행동
과 모두 관련이 있으며, 당연히 다른 사람의 소유를 가지려 함으로
써 다른 사람의 안녕을 위험에 빠뜨리려 하는 태도 및 그렇게 할 수
있는 힘과 관련이 있다.

이렇게 공동체를 파괴하는 탐욕의 구체적 대상에 '집과 아내'가
들어 있다. 집은 어느 마을에 사는 한 집안의 사회경제적 총체를 가
리킨다. 더군다나 가부장 사회에서는 아내를 집과 더불어 주된 재산
으로, 한 객체(독립한 인격체)가 아니라 한 집안의 우두머리인 남자
의 소유요 부속물로 여겼을 수 있다. 이 계명은 이웃의 집과 아내뿐

아니라, 더 나아가 그 집주인이 가진 '생산수단', 곧 경제적 생존 능력과 관련된 것들—종, 소, 나귀—도 탐내지 말라고 명령한다. 이는 다른 이들의 경제적 안녕을 침해하는 행위를 금지한 것이다. 이 계명은 이렇게 열거한 대상들—집, 아내, 생산수단—을 탐내는 것을 금지한 뒤, 매우 광범위한 결론을 제시하여 이 계명의 적용 대상에 모든 것이 들어간다는 것을 밝히고 끝을 맺는다. "네 이웃에 속한 모든 것을 탐내지 말라."

이 목록이 우리를 놀라게 하는 이유는 탐내지 말 것을 명령한 아주 짧은 구절 속에 '이웃'이라는 말이 세 번이나 나온다는 점이다. 이는 오로지 이웃 존중을 말하는 것이요, 이를 통해 이웃을 지키고 귀히 여기며 드높여야 함을 말하는 것이다. 여기서 생각하는 이웃은 십중팔구 농촌 마을의 약자인 농부들일 것이다. 이 농부들은 하나하나가 살아가는 경제적 실존이 취약하기만 했고, 잃어버릴 이윤이란 것도 전혀 없었다. 그런 이유 때문에 재산 질서를 어지럽히는 어떠한 행위도 농촌의 삶을 사람이 살 수 없는 삶으로 만들어 버릴 수 있었다. 이 같은 맥락에서 볼 때 안식일의 쉼은 탐욕스러운 획득 행위를 그만둠으로써, 여러 사회관계를 무너뜨리고 왜곡하는 쉼이 없음에서부터 이웃이 살아갈 공간과 그의 재산을 보호해 준다는 의미를 가지고 있다. 토라, 그중에서도 특히 신명기 전승 속의 토라는 분명 이웃에게 관심을 기울이며, 이웃 중에서도 가장 약한 자들에게—곧 과부와 고아와 이민자에게—특별히 관심을 기울인다. 이런 약자들은 경제적 늑탈에 극히 취약하다. 늑탈이 있으면 이들은 아무런 도움도 받지 못하고 가난에 빠진 채 생존수단까지 잃어버릴 수 있다. 따라서 열째 계명은 이웃 사랑을 다른 규칙 중에서도 아주 특별하게 보인다. 나중에 예수께서도 이 계명을 "두 번째 큰 계명"으로 규정하셨다^{막 12:28-34}. 이웃을 자신처럼 사랑해야 하고, 이웃의 재산—그의 집과 아내와 생산수단—역시, 내가 내 집과 아내와 생산수단을 아무 방해도 받지 않고 보존하고 싶어 하는 것처럼 지켜 주어야 한다.

II

우리가 보았듯이, 첫째 계명의 '이집트'라는 말처럼 열째 계명의 '집, 아내, 생산수단'이라는 말 역시 우리를 여러 가지 사회경제적 관심사로 이끌어 들인다. 이와 같은 관심사들을 살펴보면 언약의 금지 규정이, 자칫 부자와 힘 있는 자에게만 유리하고 가난한 자와 약자는 희생시킬 수 있는 만인의 경제적 자유 같은 것을 금지함을 볼 수 있다. 나아가 문맥을 볼 때, 사회경제적 역학 관계를 이런 식으로 그려 보인 것은 이스라엘 같은 고대 세계에서 되풀이되었던 관습을 반영한 것일 수 있다.

　농촌 농부들의 삶은 도시 엘리트들의 손에 달려 있었다. 이런 도시 엘리트들은 모든 권력이 중앙에 집중된 도시국가의 권력, 역시 중앙에 집중된 성전 예배가 내세우는 정당성, 그리고 훌륭한 전문가 집단인 서기관-율법사 집단의 비호를 받거나 이들과 연대하고 있었다. 이렇게 당시 사회 구도를 농촌 농부와 도시 엘리트 사이의 불평등한 경쟁으로 묘사하는 것이 옳다면, 조그만 밭뙈기나 가진 시골 농부들이 이렇게 강압적인 도시 엘리트의 힘 앞에서 얼마나 무력했을지 짐작해 볼 수 있다. 우리 시대에 비유해 보면, 국가에서 힘이 있다고 하는 자들, 곧 정부의 권력, 기업의 부와 영향력, 가혹한 법률, 그리고 이런 것들에게 정당성을 부여하는 공인 종교 권력의 조종간을 쥐고 좌지우지하는 자들이 한통속이 되어 경제를 주무르는 것을 생각해 볼 수 있겠다. 열째 계명의 금지 명령은 이렇게 불평등한 힘의 질서 앞에서 지켜야 할 이들을 보호할 선을 긋는다. 이는 이처럼 탐욕을 부리는 세력이 실제로 존재하지만, 공동선(공동의 이익)을 고려하여 그런 세력을 억제해야 한다는 것을 인정한다.

　신명기 15:1-8이 제시하는 '해방법'도 사회에 실제로 존재하는 힘의 불평등을 반영한 것일 가능성이 매우 높다. 모세는 이 규정에서 이스라엘에게, 그중에서도 채권자 집단임이 분명한 이들에게

7년이 지날 때마다 가난하고 약한 이들이 진 빚을 면제하여 영원한 하층민이 없게 하고 경제보다 공동선을 앞세우라고 권면한다. 모세는 채권자들에게 "굳은 마음"이나 "움켜쥔 주먹"을 갖지 말라고 매섭게 경고하는데, 이런 경고는 언약의 요구와 제한에 맞선 이데올로기적 저항이 있었음을 알려 준다(신 15:8. 결국 신명기 15장의 명령은 열째 계명과 대비되는 요소를 가지고 열째 계명이 금지하는 것을 더욱 두드러지게 강조해 준다. 이 두 부분이 말하려는 것은 자기네 입지를 구축한 채 약자를 잡아먹으려고 날뛰는 경제 세력의 힘을 억눌러야 한다는 것이다.

우리는 열째 계명을 강설하는 데 도움이 될 성경 본문을 여럿 인용할 수 있다.

1. **열왕기상 21:1-9** 열왕기상 21장은 아합 왕과 이세벨 왕비가 나봇의 재산을 강탈한 일을 내러티브로 풀어 놓았다. 이 내러티브 기사는 우리가 살펴본 계명을 밑받침하는 패러다임이다. 이 내러티브는 엘리야 기사라는 사이클 속에 자리해 있다. 때문에 우리는 이 내러티브가 강고한 왕권을 비판하는 시각을 가지고 있음을 예상할 수 있다. 여기서는 "탐내다"라는 말을 사용하지 않으면서도 열째 계명을 잘 설명해 준다. 이 드라마는 당시 고대 세계의 사회경제적 힘의 지

도를 반영한다. 나봇은 하찮은 농사꾼이요, 그가 가진 땅은 "조상이 물려준 유업"이다. 그 땅이 설령 그 자신의 소유라 할지라도 최종적으로는 그의 집안이 소유자다. 사람과 땅은 밀접한 관계에 있으며, 이는 누구라도 다 아는 사실이다.

이와 달리, 아합 왕 내외가 꾸미는 수작은 "조상에게서 물려받은" 재산이라는 개념을 완전히 무시하며, 모든 재산을 사고팔 수 있는 상품으로 여긴다. 그런 점에서 아합과 이세벨은 탐욕스러운 세계관의 화신이다. 이 같은 세계관 앞에서는 전통을 내세운 권리 주장은 희미하고 약하기만 하다. 나봇이 아합 왕 내외의 강요에 맞서는 수단은 오로지 그의 권리를 되풀이하여 주장하는 것뿐이다. 그러나 왕 내외는 이런 주장에 눈 하나 꿈쩍하지 않는다. 이들은 나봇이 조상에게서 물려받은 유업을 차지할 수 있을 때까지 하던 짓을 그대로 밀고 나가려 한다. 이 내러티브는 "탐내다"가 자신이 원하는 것을 얻으려는 욕구이자 실제로 그것을 차지할 수 있는 능력임을 분명하게 일러 준다. 이 내러티브 안에서 일어나는 경제 시스템의 충돌이 엘리야의 불길한 개입을 불러온 것은 전혀 이상한 일이 아니다. 엘리야라는 존재와 엘리야가 하는 말은 탐욕에 차서 나봇의 땅을 빼앗으려 애쓰는 왕 내외의 노력과 정반대다. 엘리야는 왕 내외의 이런 노력은 결코 지지할 수 없는 것이라고 판단한다.^{왕상 21:17-24}.

2. 미가 2:1-5 선지자 미가의 예언은 "탐내는 것"이 무슨 의미인지를 더 분명하게 밝혀 준다. 미가는 자신들이 가진 능력을 바탕으로 예루살렘의 도시 엘리트들에 맞서 저항하는 농촌의 소농小農을 대변하는 사람이다렘 26:17-18. 이 예언은 처참한 환난을 내다보는 첫말 "오호라"("화가 있으리라")2절, 결과를 나타내는 "그러므로"3절, 그리고 절정을 나타내는 "그러므로"5절를 중심으로 이루어져 있다.

　1-2절의 고발은 밤에("그들의 침상에서") 흉계를 꾸미고 낮에("날이 밝았을 때") 이 흉계를 행동으로 옮김을 이야기한다. 밤과 낮이라는 두 시간대는 **욕망**을 가진 권력과 자신이 욕망하는 것을 **확보**하려는 권력을 가리킨다. 흉계와 그것의 실행은, 탐냄과 차지함과 빼앗음과 억압을 이야기하는 것이다. 이는 모두 늑탈을 가리키는 말이다! 강압을 앞세운 이런 욕구가 노리는 대상은 밭과 집과 사람들과 유업이다. 이 말들은 나봇 내러티브가 제시하는 주제와 평행을 이룬다.

　첫 두 구절은 경제적 강탈 행위를 묘사한다. 여기서 "악한 자들"은 약한 농부들을 착취하는 탐욕스러운 도시의 땅 투기꾼들이다. 이들을 보면서, 토지 수용권을 행사하는 도시개발 사업자나 채무자의 채무 불이행을 이유 삼아 담보물을 강제 집행하는 은행, 이런 일들을 보면 횡재할 곳을 알아차리는 정부 관리나 교회 사람들을 떠올릴 수도 있겠다. 실제로 미가서의 이 시는 '유업'에 따른 권리 주장조차 제멋대로 무시해 버리는 시스템 전체와 관련이 있다. 처음에 나오는 "오호라"는 더 많은 토지를 개발하려고 저지르는 이런 늑탈이 사람을 죽이는 사업이요, 도저히 지지할 수 없는 사업이라는 선지자의 확신을 들려준다.

이어 등장하는 "그러므로"는 야훼를 가리키는 "내"가 시처럼 표현하는 말씀을 소개한다. 옛 조상이 물려준 유업을 보장하시는 야훼는—앞서 탐내는 자들이 "흉계를 꾸몄던 것"처럼—이 탐내는 자들에 맞서 재앙을 "꾸미려" 하신다. 야훼가 탐내는 자들이 "흉계를 꾸몄던 것"에 맞서 "재앙을 꾸미심"은 결국 장차 "재앙의 때로 이어질" 것이다. 그때는 철저한 파멸이 있을 때요, 비단 농부들이 물려받은 자그마한 유업뿐 아니라 "내 백성의 유업"이 파괴당하고 말 때이다. 이 시는 맥락상 앗수르 군대가 들이닥칠 것을 내다본다. 예루살렘의 도시 엘리트들은 이 군대의 침입에 속수무책으로 당하고 말 것이다. 이처럼 이 시는, 사람이 눈으로 볼 수 있는 탐심에서 나온 행위들과 예상되는 나라 밖 제국의 위협을 연계한다. 전자와 후자의 이런 연관성은 야훼의 다스리심이 만들어 낸 결과다. 결국 탐내는 자들의 자기과시는 "구슬픈 애곡"으로 바뀌고 말 것이다[4절].

이제 투기꾼들은 침략자들이 공격하여 얻은 땅을 재분배하는 모습을 무력하게 지켜볼 것이다. 또 다른 "그러므로"로 시작하는 마지막 5절은 제국이 땅을 재분배하는 회의를 열 때 사악한 투기꾼들은 이 회의에 참석하지 못하리라고 예언한다. 이 투기꾼들은 아무것도 얻지 못할 것이다! 이 시는 야훼가 뿌리부터 엎어 버리신 철저한 사회혁명을 생생히 보여준다. 결국 탐내는 자들이 펼치던 정책들은 내팽개쳐지고 만다. 열째 계명이 "너는 하지 말라!"고 명령하는 것은 바로 이러한 이유 때문이다.

3. 이사야 5:8-10 미가서의 예언은 이사야 5:8-10에 있는 시적 예언과 긴밀한 평행 관계에 있다. 이 시 역시 "오!"("화가 있으리라")라는 말로 시작하여, 사회를 파괴하는 행위 때문에 큰 환난이 올 것을 예언한다. 여기에서는 "집에 집을 잇고", "밭에 밭을 잇는" 자들을 고발하는데, 집과 밭은 열째 계명과 미가서의 예언이 쓴 바로 그 말이다. 본문이 말하는 과정은 큰 토지를 개발하려고 조그만 땅떼기를 소유한 농부들의 땅을 사들이는 과정으로 이루어져 있다. 그들의 땅을 사들인 뒤, 이 약한 농부들은 그들 소유였던 땅에서 쫓겨나고 생계 수단을 잃어버린다. 이제 탐내던 자들은 자기들이 새로 확보한 자신들만의 세계(방종)에 파묻혀 희희낙락할 수 있다. 선지자가 말하는 심판은 이렇게 농민들이 땅을 잃고 쫓겨난 것과 관련이 있다.

우리 시대로 치면, 도시민들이 살 곳을 만든다고 가난한 이들과 약한 이들을 그들이 사는 곳에서 쫓아내는 일을 지적할 수 있겠다. 이 시는 이웃끼리 어울려 살 수 있었던 하부구조가 탐욕으로 말미암아 파괴되는 모습을 추적한다.

9절 서두에 있는 "만군의 여호와"는 이렇게 약자의 것을 강탈하는 경제활동을 묵과하실 수 없는 분을 나타낸다. 야훼의 시각에서 볼 때, 이처럼 땅을 다루면 결국 이러한 방종을 용납할 수 없는 결과로 이어질 수밖에 없다. 그 과정을 설명하지는 않지만, 이 시는 용납할 수 없고 용인할 수 없는 상황이 장차 크게 뒤집혀 결국 "크고 아름다운 집들"이 많이 파괴되고 버림을 받는 일이 벌어질 것이라고 선언한다. 이보다 더 비참한 일은 꼼꼼한 농부들이 더 이상 돌보지 못하게 된 농토가 말 그대로 전혀 곡식을 생산해 내지 못한다는 것이다. 이렇게 땅이 생산을 하지 못하게 되리라는 전망은 농업과 관련된 조기 경보로서, 땅을 돌보지 못하면 결국 그 땅이 황폐해질 것을 일찍부터 경고한 것이라고 짐작해 볼 수 있다. 요컨대 이 선지자의 예언은 열째 계명을 설명한 것이다. "너는 하지 말라"고 명령하는 이유는 인간 공동체는 물론이요 땅도 장기간에 걸친 남용 정책을 견디지 못하기 때문이다.

4. 신명기 19:14, 잠언 22:28 ; 23:10-11 예부터 내려온 "조상의 유업"을 지켜 준 것은, 울타리와 경계표처럼 길고 고정된 경계선이었다. 사람들은 이것을 자신에게 주어진 것이요 영속하는 것으로 받아들였다. 그러나 탐내는 자들은 더 큰 이익을 얻고자 이 오래된 경계표 무시하기를 원칙으로 삼았다. 그들은 분명 그들 같은 엘리트가 자리한 정부의 법적 비호를 받고 이러한 일을 저질렀을 것이다. 그러나 오랜 "조상의 유업"은 그처럼 쉽게 무시해서는 안 되는 것이었다. 전승의 이해에 따르면, 이런 경계 침범은 사회관계의 모든 틀을 뒤엎고 무너뜨리는 일이었기 때문이다. 때문에 토라와 지혜 전승은 이렇게 경계표 옮기는 것을 모두 금지했으며, 이것 역시 열째 계명의 일부를 이룬다.

> 네 하나님 여호와께서 네게 주어 차지하게 하시는 땅 곧 네 소유가 된 기업의 땅에서 조상이 정한 네 이웃의 경계표를 옮기지 말지니라 신 19:14.

> 네 선조가 세운 옛 지계석을 옮기지 말지니라 잠 22:28.

> 옛 지계석을 옮기지 말며
> 고아들의 밭을 침범하지 말지어다.

152

대저 그들의 구속자는 강하시니

그가 너를 대적하여 그들의 원한을 풀어 주시리라^{잠 23:10-11}.

열째 계명은 사회의 역학 관계를 이웃의 이익을 도모하는 쪽으로 조
직하는 방법을 확보하려는 안전장치다. 힘을 가진 자들이 아무런 견
제도 받지 않고 탐욕을 앞세워 약자들을 잡아먹는다면, 이러한 이웃
관계는 퇴보하다가 결국 무너지고 만다.

5. 예레미야 5:22, 5:26-28, 6:13-14, 8:10-12, 30:12-15 선지자
의 예언 전승이 예루살렘 멸망이라는 절정의 위기로 가까이 다가가
면서, 예언 전승의 시적 수사도 더욱 강렬해진다. 예레미야의 사회
분석은 "위세 좋고 부유하며……살지고 말만 번지르르한" 채 권모
술수로 행하는 "악당들"^{렘 5:26}과, 속수무책으로 그런 악당들의 권모
술수에 당하고 마는 "고아와 빈민들"^{렘 5:27-28} 사이의 불평등이 낳은
위기를 들려준다. 사회의 역학 관계를 이렇게 묘사한 것은 힘 있는
자들이 약자가 가진 것을 원하고 빼앗는 탐욕의 경제가 발휘하는 위
력과 관련이 있다. 힘 있는 자들이 약자의 것을 원하고 빼앗는 행위
는 모든 이에게 살 수 있는 안전한 장소를 제공해 주신 창조주가 그
어 놓으신 "경계선"을 넘어가는 행동이다^{렘 5:22}. "악당들"은 이 경계

선을 넘어가 강탈 행위를 저질렀다[렘 5:28]. 열째 계명은 이런 조직적 탐욕을 제한하려는 노력이다. 그러나 예루살렘은 이제 경계가 무너진 경제를 주도한다. 그 결과로 나타난 것은 만인이 경제적 자유를 누린다지만 실은 가난한 이들의 권리가 철저히 짓밟히는 경제다.

그리하여 예레미야는 경계선을 넘어간 자들에게 다음의 심판을 선고하고 마무리한다.

> 이는 그들이 가장 작은 자로부터 큰 자까지
> 다 탐욕을 부리며
> 선지자로부터 제사장까지
> 다 거짓을 행함이라[렘 6:13].

불의한 이득을 얻으려고 "탐욕을 부린다"는 말은 열째 계명이 쓴 단어를 채용하지는 않는다. 그러나 그 의도는 열째 계명과 똑같다. 모든 사람이 잡아먹는 자요 탐을 내는 자가 되었다. 모든 사람이 거짓을 행함으로써 사회의 여러 관계를 뒤틀어 놓았다. 도시의 지도자들은 "선지자로부터 제사장까지" 모두 열째 계명이 금지하는 것을 무시해 버렸다.

이런 탐욕의 경제를 작동시키려면, 사실은 전혀 안녕(행복)하지

않은데도 안녕이라는 미사여구를 동원하여 실제 경제를 포장할 필
요가 있다.

> 그들이 내 백성의 상처를 가볍게 여기면서
> 말하기를 평강하다, 평강하다 하나
> 평강이 없도다렘 6:14.

정치체body politic가 입은 상처는 심각하다. 나중에 30:12에 가서는
이 상처를 치료할 수 없다고 말한다. 그러나 이런 상처를 정치 슬로
건과 대중을 현혹하는 주문을 사용하여 기어코 부인해 버린다. 도시
이름에 **샬롬**(평강)이라는 말이 들어 있는 예루살렘은 다른 곳은 다
위태로워도 자신만은 평안하리라는 예외주의 이데올로기를 가지고
있다. 이러한 이데올로기는 사회의 모든 고통을 무시해 버릴 것이
다. 그리하여 이데올로기의 깃발 아래 착취를 일삼고 탐욕을 부리는
경제 관행이 아무 견제도 받지 않은 채 판을 친다. 시인은 이런 관행
이 아무 견제도 받지 않고 남아 있으리라고 말하지만, 6:15에 이르
러 "그러므로"라는 말을 통해 하나님이 만들어 내실 예외를 이야기
한다. 그러는 동안, 탐욕을 부리며 약자를 무시하고 비하하는 자들
은 그 탐심에 취하여 수치도 모르는 인간이 되어 버린다.

그들이 가증한 일을 행할 때에 부끄러워하였느냐.

아니라, 조금도 부끄러워하지 않을 뿐 아니라

얼굴도 붉어지지 않았느니라.

그러므로……렘 6:15

선지자가 열째 계명을 설명한 이런 내용은 8:10-12에서도 되풀이된다. 열째 계명을 시사하는 이 되풀이 부분은 회복되어야 할 옛 사회관계들을 옹호하는 자들을 지지하는 꼬리말이 되었다.

　지금까지 살펴본 모든 구약 본문은, 옛 언약 전승을 여전히 의지하고 서 있던 극소수 사람 외에는 자신이 속한 공동체가 스스로 파멸하고 있음을 전혀 알지 못하는 공동체 안에 끊임없이 고집스러운 냉소주의가 자리해 있었음을 증언한다.

6. 누가복음 12:13-34 기독교 전통에서는 열째 계명 또한 당연히 예수의 가르침을 향하여 달려간다. 예수께서는 누가복음 12:13-34의 비유에서 시내산 언약만큼 오래되고 나봇 내러티브만큼 매서운 '두 길'을 요약한다. 예수께서는 자기 형과 가산을 놓고 싸우는 사람에게 대답하시면서, 그의 가르침 중 핵심을 제시하신다.

삼가 모든 탐심을 물리치라. 사람의 생명이 그 소유의 넉넉한 데 있지 아니하니라눅 12:15.

이 말씀은 열째 계명과 거의 평행을 이룬다. (영어성경 NRSV는 '탐심' 을 greed라고 표현했지만, 이전 RSV 역본에서는 covetousness라고 표현했다.) 이어 등장하는 것이 탐을 내는 사람을 다룬 시나리오다. 미가 2장에 나오는 "악한 자", 이사야 5장에 나오는 "투기꾼", 예레미야 5장에 나오는 "악당"과 같은 이 사람은 약자들의 땅과 집을 게걸스레 집어 삼킨다. 예수의 비유에 나오는 이 탐내는 사람은 자기 나름으로는 엄청나게 성공한 사람이다. 그러나 그 자신의 평가와 달리, 그는 자신 조차 속이는 어리석음으로 말미암아 죽음을 맞이할 운명에 처한다.

예수께서는 당신이 내러티브 상상력을 발휘한 이 이야기에서 제자들에게 줄 교훈을 이끌어 내신다. 염려하지 말라!눅 12:22 소유 때 문에 근심하지 말라. 이 가르침은 사람이 재물을 얻으려고 탐욕을 부리며 살다가는 아직(영원히!) 충분히 갖지 못한 것 때문에 늘 더 많은 것을 요구하는 불안 상태에 빠지고 만다는 것을 암시한다. 따 라서 이 가르침이 제시하는 제자도는 상품을 얻으려고 탐욕을 부리 는 삶의 대안과 관련이 있다. 그 대안은 우리가 에너지를 "그의 나 라를 구하는 데" 다시 집중하면 하나님이 필요한 것을 공급해 주시

리라는 확신을 그 기초로 삼는다^{눅 12:31}. 시내산 계명이 언약에 따른
이웃 사랑이라는 대안을 주도하듯이, 예수께서도 대안으로 초대하
신다.

III

열째 계명이 암시하는 것들은 사도시대의 교회가 되풀이하여 제시
하는 가르침에서도 중요했다는 것이 드러난다. 이러한 가르침은 관
습이자 양식으로 굳어졌을 수도 있다. 그럼에도 열째 계명의 취지가
그 가르침의 중심에 자리해 있음은 주목할 만하다. 초기 그리스도인
들은 탐욕의 이데올로기와 탐심의 강제력을 경계했다. 우리는 교회
의 초기 서신에서 그러한 예를 다섯 가지 발견할 수 있다.

1. 바울은 열째 계명을 '이웃'이라는 말에서 절정에 이른 그의 가르
침 속에 포함시킨다.

> 간음하지 말라, 살인하지 말라, 도둑질하지 말라, 탐내지 말라 한 것과
> 그 외에 다른 계명이 있을지라도 네 이웃을 네 자신과 같이 사랑하라
> 하신 그 말씀 가운데 다 들었느니라^{롬 13:9}.

이웃을 사랑하는 것이 탐욕의 대안이다! 롬 1:29, 7:7

2. 에베소서 5:3-5에서는 피해야 할 일탈 가운데 '탐심'을 두 번이나 열거한다.

> 음행과 온갖 더러운 것과 탐욕은 너희 중에서 그 이름조차도 부르지 말라. 이는 성도에게 마땅한 바니라. 누추함과 어리석은 말이나 희롱의 말이 마땅치 아니하니 오히려 감사하는 말을 하라. 너희도 정녕 이것을 알거니와 음행하는 자나 더러운 자나 탐하는 자 곧 우상 숭배자는 다 그리스도와 하나님의 나라에서 기업을 얻지 못하리니 엡 5:3-5.

이 같은 파멸 행위에 대항하는 것이 감사다! 사도의 가르침은 누가 복음 12장을 되울려 주는 것일 수도 있다. 다른 악도 많지만, 그 가운데 탐욕은 감사의 반대명제다. 탐욕이 소유에 근거를 두고 있다면, 감사는 선물에 근거를 두고 있다.

3. 골로새서 3장의 평행 본문에서도 같은 주제가 나타난다.

> 그러므로 땅에 있는 지체를 죽이라. 곧 음란과 부정과 사욕과 악한 정

욕과 탐심이니 탐심은 우상 숭배니라골 3:5.

여기서 열거한 목록을 한마디로 요약하면 '옛 자아'다. 이 서신을 쓴 사도는 이런 행위 덩어리가 늘 함께 나타난다는 것을 안다. 이런 행위들은 이웃 사랑이라는 진리는 멀리한 채 자기만 의식하는 태도에 그 뿌리를 두고 있다. 이와 달리, 이웃 사랑에 초점을 맞추면 새로운 행위를 아우르는 새 삶을 살게 된다.

옛 사람과 그 행위를 벗어 버리고 새 사람을 입었으니 이는 자기를 창조하신 이의 형상을 따라 지식에까지 새롭게 하심을 입은 자니라골 3:9-10.

새 자아는 이웃 가운데 자리해 있으며, 새 행위는 이웃을 배려하는 태도에 그 근거를 두고 있다.

그러므로 너희는 하나님이 택하사 거룩하고 사랑 받는 자처럼 긍휼과 자비와 겸손과 온유와 오래 참음을 옷 입고 누가 누구에게 불만이 있거든 서로 용납하여 피차 용서하되 주께서 너희를 용서하신 것 같이 너희도 그리하고골 3:12-13.

"용서하다"라는 말이 마지막에 등장하는 것이 분명 눈에 띌 것이다. 이로 보건대, 아마도 '용서'가 새로운 삶의 핵심인 것 같다. 그리고 이런 용서가 '채무면제'도 포함한다면, 이는 채무자들의 빚더미를 토대로 번영하는 모든 탐욕에 반대되는 것을 포함할 수 있다. 기독교 대안이 제시하는 비전은, 비록 그 대안이 제시하는 명령이 시내산 계명만큼 오래되었을지라도, 새롭게 등장하는 교회의 삶의 중심이다.

4. 야고보는 '정욕'(욕망) 때문에 교회에서 일어난 다툼을 곱씹어 본다.

> 너희 중에 싸움이 어디로부터 다툼이 어디로부터 나느냐. 너희 지체 중에서 싸우는 정욕으로부터 나는 것이 아니냐. 너희는 욕심을 내어도 얻지 못하여 살인하며 시기하여도 능히 취하지 못하므로 다투고 싸우는도다. 너희가 얻지 못함은 구하지 아니하기 때문이요 약 4:1-2.

'욕망'cravings은 싸움과 다툼을 만들어 내고 이웃을 무너뜨린다. 2절이 '구함'asking을 강조한 것은 갈망의 대안을 일러 주는 것이다. 그 대안은 선물을 주고받음이요, 구함과 받음이 오고 감이다.

5. 베드로후서 2장은 거짓 선지자들에 맞서 열변을 토한다. 거짓 선 지자들을 고발하는 많은 내용 가운데는 다음과 같은 강렬한 정의가 들어 있다.

음심이 가득한 눈을 가지고 범죄하기를 그치지 아니하고 굳세지 못한 영혼들을 유혹하며 탐욕에 연단된 마음을 가진 자들이니 저주의 자식 이라 벧후 2:14.

"음심, 그치지 아니하고, 유혹한다"라는 수사는 모든 인생을 정복 대상이자 착취 대상으로 삼는 생각을 일러 준다. "탐욕에 연단되었 다"는 것은 모든 인생을 사고팔 수 있는 상품으로 전락시켜 버렸다 는 뜻이다. 분명 이 매서운 비판의 핵심은 교회가 이런 행위들뿐 아 니라 다른 행위들에도 마음을 쏟아야 한다는 것을 독려하고 경고하 는 것이다.

그러므로 너희가 더욱 힘써 너희 믿음에 덕을, 덕에 지식을, 지식에 절 제를, 절제에 인내를, 인내에 경건을, 경건에 형제 우애를, 형제 우애 에 사랑을 더하라. 이런 것이 너희에게 있어 흡족한즉 너희로 우리 주 예수 그리스도를 알기에 게으르지 않고 열매 없는 자가 되지 않게 하려니와 **벧후 1:5-8**.

초창기 교회가 이렇게 쌓아 들려주는 증언은 우리에게 분명한 결론을 이끌어 낼 임무를 부여한다. 우리 사회는—고대 이스라엘 사회와 초대교회가 처한 정황처럼—상품을 얻으려는 탐욕으로 만연한 사회 시스템에 사회적 대본social script을 제공한다. 실제로 우리가 사는 소비자 사회는 사람이 만들어 낸 욕구, 곧 금세라도 절박한 수요로 바뀔 수 있는 욕구들을 만들어 내는 것을 기초로 삼고 있다. 늘 새롭게 등장하는 욕구와 수요들은 쉼이 없는 싸움을 만들어 내며, 이 싸움은 이웃과 이웃을 서로 적으로 만들어 다른 이들을 희생시켜서라도 성공하고 이익을 취하며 부를 축적하게 한다. 물론 무언가를 "얻어야 한다"는 이런 강박의 힘은 이웃을 만들 가능성마저 없애 버린다.

탐욕이 행사하는 능력은 비단 개인 대 개인의 거래에 그치지 않고 우리가 영위하는 공적 삶과 공공정책 형성에서도 전면에 나타나며 중심을 차지하고 있다. 우리는 공동선을 굳게 지킴이 '기회'라는 수사에 묻혀 사라져 버리는 모습을 볼 수 있다. 여기서 '기회'는 사회를 아무 규율도 없이 방치하여 타인의 소유를 강탈할 힘과 의사를 지닌 자들이 아무런 견제도 받지 않고 강탈 행위를 저지르게 내버려

두는 것을 의미할 뿐이다.

지금 우리 모습처럼 탐심이 조직적인 양상을 띨 때에는, 탐심을 조장하는 정책 형성과 사회 관습을 제한하고 그것에 맞서야 하는 것은 아닌지 물어야 한다. 그리고 그러한 제한은 규율이라는 형태를 띤다. 언약이 강제하는 제한을 실시하는 공동체에서는 열째 계명이 바로 그런 '규율' 행위임을 알 수 있다. 그러나 탐심이라는 이데올로기가 다름 아닌 공동생활의 구조 자체에 스며들면, 규율은 지극히 어려워진다. 그런 환경이 되면, 제한을 해보려고 하는 의지조차도 존재하지 않게 된다.

나는 우리가 이 탐욕이라는 죽음의 순환 고리를 어떻게 끊어 버릴 것인가라는 문제를 놓고 씨름해 보아야 한다고 제안한다. 따라서 나는—우리가 더 일반적인 논의를 진행한다는 차원에서—열째 계명을 안식일을 지키라는 넷째 계명의 맥락 속에 놓고 다루어 보고 싶다. 안식일은 탐욕의 힘을 깨뜨릴 실제적 바탕이요, 탐욕을 제한하는 데 강조점을 두고자 하는 공중의 의지를 만들어 낼 실제적 바탕이다. 안식일은 사람들이 폭넓게 공유하는 탐욕 행위를 그치는 것이다. 안식일은 각박하고 서두르는 일상의 경제활동을 통해 더 많은 상품을 얻는다 해도 그것들이 결국은 만족을 주지 않는다는 사실을 마침내 인정하게 될 시간과 공간과 에너지와 상상력을 제공해 준다.

안식일은 불안 전문이 되어 버린 사회의 구체적 관행들을 다양한 방법으로 제한하거나, 그만두거나, 벗어 버리는 것이다. 안식일은 우리의 갈망에서 나와 다시 그 갈망을 더 키워 주는 불안을 물리치는 해독제다. 안식일은 우리가 소유가 아니라 선물로 산다는 것을 인정하는 마당이요, 우리가 상품을 쌓아두는 것이 아니라 이웃에게 세심한 관심을 기울이는 신실한 관계에서 만족을 얻는다는 것을 인정하는 마당이다. 우리는 복음서 전승을 통해 우리가 실제로 "온 세상을 얻고도" 자기 목숨을 잃어버릴 수 있음을 안다.막 8:34-37. 결국 안식일은 우리가 필요로 하는 것을 아시는 우리 아버지 앞에서, 아버지가 주시는 것을 받아들이는 자세를 취하며 **생명**을 받아들이는 것이다.눅 12:30.

IV

우리의 고찰을 마무리하면서 마지막으로 안식일 계명이 어떻게 모든 계명 가운데 중추적 위치를 차지하는지 살펴보아야 하겠다. 처음에 우리는 안식일 계명이, 쉼이 없는 파라오의 생산 시스템에서 구원해 주시고 일곱째 날에는 쉬시며 해방을 베풀어 주시는 출애굽의 하나님을 되돌아본다는 것을 밝혔다. 우리는 또 안식일 계명이 우리가 이룰 수 있는 이웃 사랑, 곧 공동체를 파멸시키는 방식으로 상품을 얻으려는 다툼을 금지하는 이웃 사랑을 내다본다는 사실을 살펴보았다. 이처럼 넷째 계명은 첫째 계명으로 거슬러 올라가는 동시에 열째 계명으로 나아간다. 첫째 계명과 열째 계명이라는 두 계명은 함께 놀라운 해석을 만들어 내는데, 그 해석은 물론 랍비들의 지식이 낳은 결과물이다.

> 너희도 정녕 이것을 알거니와 음행하는 자나 더러운 자나 탐하는 자 곧 우상 숭배자는 다 그리스도와 하나님의 나라에서 기업을 얻지 못하리니엡 5:5.

> 그러므로 땅에 있는 지체를 죽이라. 곧 음란과 부정과 사욕과 악한 정욕과 탐심이니 탐심은 우상 숭배니라골 3:5.

이 증언들이 첫째 계명이 거부하는 **우상 숭배**와 열째 계명이 거부하는 **탐심**을 동일시하는 것은 거의 우연이자, 사람들이 미처 주목하지 못한 것이다. 우상 숭배와 탐심이라는 두 가지를 동일시한 이유는 이 둘 모두가 실체를 살 수 있는 상품으로 전락시키기 때문이다. 우상 숭배는 물건, 특히 금과 은을 부어 만든 물건들을 예배하는(높이 여기는) 것이다.

삼림에서 벤 나무요

기술공의 두 손이 도끼로 만든 것이라.

그들이 은과 금으로 그것에 꾸미고

못과 장도리로 그것을 든든히 하여

흔들리지 않게 하나니

그것이 둥근 기둥 같아서 말도 못하며

걸어다니지도 못하므로

사람이 메어야 하느니라.

그것이 그들에게 화를 주거나

복을 주지 못하나니

너희는 두려워하지 말라렘 10:3-5.

십계명의 마지막 계명이 말하는 탐심은 이웃을 희생시켜 가며 재물을 얻으려 하는 것이다.

안식일은 두 가지를 모두 적극적으로 거부하는 것이다. 즉, 상품을 예배하는 행위를 거부하는 것이요, 상품을 추구하는 행위를 거부하는 것이다. 그러나 안식일은 그저 거부에 그치지 않는다. 안식일은 하나님이 사랑하시고 이웃이 사랑을 나누는 공동체라는 실체를 꾸준히, 훈련받은 대로, 눈으로 볼 수 있게, 구체적으로 긍정하는

167

것이다. 우리는 "시간을 들여 거룩해지자"라는 찬송을 부르곤 했다. 그러나 어쩌면 이제는 "시간을 들여 사람이 되자"를 불러야 한다. 아니, 결국은 "시간을 들여야 한다." 안식일은 거룩해지려고, 사람이 되려고, 사람답게 살려고 시간을 들이는 것이다.

우리가 마지막으로 살펴볼 본문인 시편 73편은 상품의 세계에서 사귐의 세계로 나아가는 여정을 보고한다. 시인은 2-16절에서 "악한 자들"의 유혹을 깊이 곱씹어 본다. "악한 자들"은 이런 자들이다.

- 형통한 자3절
- 고난이 없는 자5절
- 교만한 자6절
- 잘 먹어 살이 찌고 잘 노는 자7절
- 냉소적이고 사회에 무관심한 자8절
- 유명인 대우를 받는 자10절
- 하나님을 무시하는 건방진 자11절
- 부유하고 평안한 자12절

나쁘지 않다! 시인은 그렇게 말한다. 그는 이런 삶에 매혹당하고 이런 삶에 참여하려고 생각한다. 하지만 그는 이런 것들을 곱씹어 본 뒤에[15절], 성소에 들어간 뒤에[17절], 이런 방식이 세상에서 아무런 힘도 갖지 못한다는 것을 알게 된 뒤에[18-19절], 자신이 그야말로 완고한 자였음을 깨달은 뒤에야[21-22절] 이 같은 생각들을 멈춘다.

그런 다음 시인은, 강조대명사를 쓰며 동시에 큰 소리로 "그럼에도"(히브리어 본문에서는 단지 접속사로 등장한다)를 외친다[23절]. 이제 모든 것이 바뀌었고 생각이 달라졌다. 이제 시인은 다른 질문을 던진다.

하늘에서는 주 외에 누가 내게 있으리요[25절].

그리고 이렇게 대답한다. "아무도 없습니다! 제게는 달리 아무도 없습니다!" 이와 평행을 이루는 시문詩文은 질문이 아니라 확정된 사실을 선언하는 말이다.

땅에서는 주밖에 내가 사모할 이 없나이다[25절].

시인은 '욕구'hps의 문제임을 깨닫는다. 시인은 그의 삶이 진정으로 바라는 욕구를 예리하게 통찰하게 된다. 그 순간 그는 2-16절에서 묘사하는 삶이 또 다른 문화가 만들어 내는 엉터리 욕구들로 이루어져 있음을 발견한다. 이제 그는 더 잘 알게 되어 오직 "하나님께 가까이 다가가는 것"만을 원한다[28절].

나는 안식일이 우리의 욕구를 알려 주는 학교요, 우리에게 엄청난 힘을 발휘하는 우상숭배와 탐심에 초점을 맞추는 거짓 욕구들을 폭로하고 비판한다고 생각한다. 우리가 일을 그치고 안식일을 지키지 않을 때, 이런 거짓 욕구들이 우리를 지배한다. 그러나 안식일은 우리의 참된 정체성을 우리 안에 받아들일 수 있는 기회다.

이제 23절에 나오는 고백으로 이 책을 마치려 한다.

내가 항상 주와 함께하니

주께서 내 오른손을 붙드셨나이다.

나는 근래 루터교회 목사가, 치열한 전쟁터에서 탈출하려고 난민이 되어 700마일을 걸어 마침내 국경을 넘고 전쟁 지역을 벗어날 수 있었던 한 여성을 묘사하는 말을 들었다. 이 여성은 여덟 살짜리 소녀와 함께 온종일을 걸었다. 700마일을 걷는 동안, 소녀는 여성의 손을 꼭 붙들고 놓지 않았다. 그들이 안전지대에 도착하자 소녀는 비로소 잡았던 손을 놓았고, 그 여성은 자기 손을 바라보았다. 손은 살이 벗겨져 피가 흐르고 상처가 벌어져 있었다. 어린 소녀가 두려운 나머지 여자의 손을 꼭 붙잡고 놓지 않은 탓이었다. 이는 마치 시편 73:23이 묘사하는 모습과 비슷하다.

내가 항상 주와 함께하니
주께서 내 오른손을 붙드셨나이다.

이것은 그저 손을 잡는 게 아니다. 이것은 생사를 걸고 손을 잡는 것이기에 쉽게 풀 수가 없다.

안식일이 없는 실존은 우리 뜻대로 살아 나갈 궁리를 한다. 우리 주위에는 상품이 쌓여 있고, 우리는 그 상품들 앞에 엎드려 절한다. 그러나 상품은 우리 손을 잡아 주지 못한다. 시인은 뒤늦게야 이와 다른 것을 깨닫게 된다. 우리도 뒤늦게야 깨닫게 되었다. 안식일이 없으면, 하나님 자신이 쉬신 것에 뿌리를 두고 우리와 함께 쉬어야 할 우리 이웃에게까지 확장된 쉼을 깨닫지 못할 가능성이 높다. 그렇게 되면 우리는 쉼을 알 때까지, 우리의 상처와 두려움과 탈진 상태를 붙들고 쉼이 없는 채로 버려진 자들이 될 것이다.